Kontaktadresse nach EU-Produktsicherheitsverordnung:
produktsicherheit@fischerverlage.de

Ein ungewöhnlicher Blickwinkel: In diesem Buch wird die gängige eurozentrische Sicht auf Europa durch Beobachter einer fremden Kultur durchbrochen.

Im letzten Jahrhundert wandte sich China dem Westen zu und begann damit, eine Ethnologie unseres Kontinents zu erarbeiten. Unter Chinas ersten Botschaftern in Europa, die zunächst einmal Intellektuelle waren und erst noch Diplomaten werden mußten, wurde die Frage erörtert, was dieses Europa – und zwar auf allen Ebenen der Gesellschaft und des Staates – eigentlich zusammenhält.

Keineswegs naiv-bewundernd, sondern kritisch und selbstbewußt spazierten diese Menschen durch die europäischen Metropolen. In einem ganz modernen Sinne behandelt ihre Völkerkunde Verfassung, Repräsentation, Politik und diplomatischen Diskurs, aber auch Aspekte der voranschreitenden industriellen Modernisierung und der Alltagskultur.

Unsere Adresse im Internet: www.fischer-tb.de

Geboren 1960 in Peking, studierte die Autorin an der Abteilung für westliche Sprachen und Literatur der Universität Peking, erhielt ein französisches Staatsstipendium für das Studium französischer Literatur und Geschichte. 1993 Promotion in Geschichte an der EHESS Paris. Forschungsprojekte am Historischen Institut der Universität Mannheim und an der Université Paris VIII.

Europäische Geschichte

Herausgegeben von Wolfgang Benz

Konzeption: Wolfgang Benz,
Rebekka Habermas und Walter H. Pehle

Europäische Geschichte

Feng Chen

Die Entdeckung des Westens

Chinas erste Botschafter in Europa 1866–1894

Aus dem Französischen
von Fred E. Schrader

Fischer
Taschenbuch
Verlag

2. Auflage
Originalausgabe

Redaktion: Tanja Hommen
Printed in Germany
ISBN 978-3-596-60165-3

Inhalt

Einleitung

In der Konfrontation mit anderen Völkern haben sich die Chinesen, als Sieger oder als Besiegte, stets als die kulturell Überlegenen gesehen. Doch nach dem Opiumkrieg von 1840 bis 1842 sah sich China in einer Reihe militärischer Konflikte unterlegen. Die europäischen Mächte zwangen es zu diplomatischen und wirtschaftlichen Beziehungen mit der westlichen Welt. Im Vertrag von Nangking (1842) wurde festgelegt, daß China eine hohe Kriegsentschädigung zu zahlen hatte und fünf seiner Häfen für den britischen Handel öffnen sollte. Hinzu kamen weitere »ungleiche Verträge« mit Frankreich und den USA. Nach dem Lorcha-Krieg (1856–1860) regelten die Verträge von Tientsin (1858) und Peking (1860) die Errichtung von Gesandtschaften in der chinesischen Hauptstadt. Den Chinesen wurde bewußt, daß sie es mit Ländern zu tun hatten, die zwar eine heterogene Kultur besaßen, aber keine der chinesischen unterlegene. China mußte die Vorstellung aufgeben, das einzige zivilisierte Volk zu sein: »Neu war in dieser Situation nicht, daß es andere Völker als die Chinesen gab, sondern daß diese Völker eine Kultur besaßen, die der chinesischen an Macht und Bedeutung ebenbürtig war.[1] Die Chinesen machten sich an die Entdeckung des Westens und hinterließen eine Unmenge an Reiseberichten.

Bereits vor über einem Jahrhundert wurden diese Zeugnisse gesammelt, veröffentlicht und ausgewertet. 1979 wurden sie dann von Zhong Shuhe neu herausgegeben, als sich China gerade wieder dem Westen zu öffnen begann. Seine Arbeit hat in China zur geschichtlichen Rehabilitierung jener chinesischen Gelehrten des 19. Jahrhunderts beigetragen, die seit langem zu »den Verrätern der chinesischen Nation« gerechnet worden waren. Westliche Historiker verwendeten diese Quellen, um herauszufinden, wie die Chinesen in der zweiten Hälfte des 19. Jahrhunderts auf die westliche Kultur reagiert haben.

Die ersten chinesischen Reisenden im Westen stellten bei weitem keine homogene soziale Gruppe dar. Es ist daher sinnvoll, die Reisenden in verschiedene Gruppen einzuteilen und deren jeweilige Rezeption des Westens zu untersuchen, um auf diese Weise ein differenziertes Bild der unterschiedlichen Reaktionen auf die europäische Kultur herauszuarbeiten. In der zweiten Hälfte des 19. Jahrhunderts lassen sich vier Kategorien chinesischer Reisender unterscheiden, die Berichte über den Westen verfaßten: die ersten chinesischen Diplomaten, die Studenten im Ausland, Privatleute auf Reisen und politische Reformatoren im Exil, darunter Wang Tao (1828–1884), Kang Youwei (1858–1927) und Liang Qichao (1873–1929). Jede dieser Gruppen besaß ihre eigene Sicht auf die europäische Zivilisation, jeweils abhängig von der sozialen Herkunft, der intellektuellen Ausbildung oder der politischen Orientierung und Zielsetzung. Die erste Gruppe setzt sich aus Gebildeten/Beamten zusammen, Vertretern der Funktionselite, der Basis der herrschenden Klasse. Sie hofften, mit Hilfe westlichen Wissens die chinesische Gesellschaft und die Qing-Dynastie erhalten zu können. Die zweite Gruppe besteht aus jungen Männern, die eine europäische Sprache gelernt hatten und sich dadurch in einer wissenschaftlichen Disziplin spezialisieren konnten. Die dritte wird zumeist aus den zum Christentum konvertierten Chinesen gebildet. Zur letzten Gruppe schließlich zählen die hervorragenden Köpfe der Zeit, welche die chinesische Gesellschaft reformieren und modernisieren wollten. Im folgenden geht es ausschließlich um die ersten chinesischen Diplomaten in Europa, ihre soziale Herkunft und die Besonderheiten ihres Auftrags.

1866 mußte China zum ersten Mal in seiner Geschichte Gesandte in den Westen schicken. 1877 eröffnete es in London seine erste Botschaft in einem europäischen Land. Doch bedeutete der Eintritt des Reichs der Mitte in die Welt der Diplomatie noch keine Anerkennung anderer Kulturen. Vielmehr blieb die diplomatische Mission für die meisten chinesischen Beamten ein Makel. Zwar schmerzte es, daß das Kaiserreich seine vermeintliche universelle Souveränität aufgeben mußte, aber es hegte immer noch die Illusion einer absoluten Überlegenheit der chinesischen Kultur. Da nun allerdings der Zugang zu anderen Kulturen eröffnet war, mußten die in den Westen geschickten Beamten ihr Weltbild neu ordnen und umstellen.

Die Diplomaten der späten Qing-Dynastie nahmen kaum am Hofleben und an den wichtigen außenpolitischen Entscheidungen teil. Anders als für westliche Diplomaten ging ihr Auftrag auch nicht ausdrücklich dahin, die Beziehungen zu anderen Staaten zu verbessern und die Position des eigenen Landes ihnen gegenüber zu stärken. Hingegen war es eine der Hauptaufgaben der ersten Qing-Diplomaten, möglichst viele Informationen auf ihren Reisen zu sammeln, ihre Eindrücke und Beobachtungen der fremden Gebräuche in diesen Ländern niederzuschreiben und die westlichen Sitten und Gesellschaftssysteme zu studieren. Diese Berichte waren für spätere chinesische Diplomaten und Beamte bestimmt, die sich daran orientieren sollten. Getreu diesem Auftrag des Qing-Hofes führten die ersten chinesischen Gesandten Tagebücher oder verfaßten Berichte, in denen sie alle Aspekte des Alltagslebens, der Politik, der Gesellschaft und der Institutionen in Europa beschrieben. Tatsächlich haben sie auf diese Weise »mehr dazu beigetragen, den Westen in China einzuführen, als Chinas internationale Position zu verstärken«.[2]

Die umfangreichen Tagebücher und Berichte eröffnen einen interkulturellen Raum und zeigen, welches Bild sich diese Chinesen vom Westen gemacht haben. Sie sind Teil eines weit umfangreicheren Bestands chinesischer Reiseberichte aus Europa. Doch ihr besonderes Interesse besteht darin, daß ihre Autoren der herrschenden Klasse angehören, die über Wissen und Macht verfügt und die Werte der traditionellen chinesischen Gesellschaft verkörpert. Ihr Ziel war es, der chinesischen Kultur eine neue Stellung zu erringen, die sich neben der westlichen behaupten kann.

Das in dieser Zeit entstandene Quellenkorpus ist einzigartig, denn in dem Maße, wie Diplomatie auch in China zu einem unabhängigen und angesehenen Beruf wird, die chinesischen Gesandten also zu wirklich professionellen Diplomaten werden, werden ihre an der europäischen Kultur interessierten Tagebücher und Reiseberichte wesentlich seltener. Sie konstituieren keinen besonderen Quellenbestand mehr.

Was überrascht diese ersten chinesischen Diplomaten an der europäischen Zivilisation? Wie nehmen sie das wahr, was in Europa als Kultur angesehen wird? In welche Beziehung setzen sie das zur kulturellen und geschichtlichen Erfahrung Chinas, zu ihrer eigenen traditionellen intellektuellen Ausbildung, zu ihrer Mentalität? Wie verorten sie die europäische und die chinesische Kultur jeweils auf globaler Ebene? Die Vertreter des Reichs der Mitte entdecken das materielle Leben der Völker einer anderen Zivilisation, andere soziale, moralische und kulturelle Traditionen, andere Gesellschaften, die sich auf dem Weg der vollständigen Industrialisierung, Kapitalisierung, Demokratisierung befinden. Auf Banketten, bei privaten Einladungen und Gesellschaften, auf der Straße, bei kulturellen Veranstaltungen, bei der Besichtigung von Schuleinrichtungen, als Zuhörer von Parlamentsdebatten, buchstäblich in jedem Moment des Alltagslebens werden sie mit der Frage nach dem Konzept »Europa« oder »Westen« konfrontiert. Wenn sie die Differenz zwischen chinesischem und europäischem »mentalem Werkzeug« beschreiben und analysieren, dann ist ihre Herangehensweise weniger historisch als vielmehr anthropologisch-ethnologisch. Die Perzeptionsmuster des europäischen Alltagslebens und der westlichen Institutionen sind zunächst von den Strukturen der traditionellen chinesischen Kultur bestimmt. Die Differenzen zur europäischen erfordern eine spezifische Herangehensweise.

Das Netz der chinesischen Kultur und Mentalität filtert die Beschreibungen der europäischen Lebensstile, Sitten- und Gesellschaftssysteme und politischen Ordnungen. Um die Interessen und Überraschungen der Reisenden besser verstehen zu können, ist oft eine vergleichende Sicht notwendig. Hilfreich kann es hierzu sein, den umgekehrten Blick zu verfolgen: den der europäischen Reisenden in China. Sie zeigen sich von Szenen oder Vorstellungen beeindruckt, die für Chinesen banal sind, aus europäischer Sicht jedoch bemerkenswert, gar grundlegend oder charakteristisch für die wahrgenommene andere Kultur erscheinen.

Die chinesischen Diplomaten sind keine Fachhistoriker, sondern verbeamtete chinesische Gelehrte, die eine institutionalisierte, formalisierte Ausbildung hinter sich haben. Jeder von ihnen besitzt jedoch seinen eigenen persönlichen Stil. Ihr sozialgeschichtlicher Einfluß erweist sich um die Jahrhundertwende als recht begrenzt. Ihre Berichte gehen nur in geringem Maße in die politische und intellektuelle Bewegung Chinas ein. Manche der Diplomaten finden sich zwar am Rande der vorherrschenden intellektuellen Bewegung wieder. Sie sind aber selten Reformer. Ihre Berichte haben nicht den ausdrücklichen Zweck, das Bild der europäischen Kultur in den Dienst einer Umformung der chinesischen Gesellschaft zu stellen.

Der intellektuelle und politische Kontext der Reiseberichte im zeitgenössischen China ist bereits erarbeitet worden. Der Einfluß Europas auf China stellt seit dem Erscheinen von Teng/Fairbanks »Chinas Antwort auf den Westen« (1954) ein eigenständiges Gebiet der Geistesgeschichte Chinas dar. Zahlreiche Studien beschäftigen sich mit der Frage, wie die Chinesen den Okzident zu verstehen versuchen und auf welche Weise sie die westlichen Kenntnisse und das abendländische Denken benutzen, um ihr Land zu modernisieren. Sehr viel wichtiger für die zukünftige Forschung ist jedoch die Beschäftigung mit dem interkulturellen Raum. Hier geht es nicht um einen bloßen Kulturschock, um eine Konfrontation, in der jede Seite schlicht herrschen will. Ebensowenig haben die chinesischen Diplomaten eine Sittengeschichte verfaßt, mit deren Hilfe der Westen von Grund auf verständlich würde. Ganz im Gegenteil, die ersten chinesischen Diplomaten in Europa verstehen nicht alles. Doch sie zeichnen Beziehungsgeflechte und Formen sozialen

Verhaltens nach, deren Strukturen und Funktionsweisen den Akteuren selber oft gar nicht bewußt sind. Die chinesischen Gesandten in Europa versuchen, menschliche Beziehungen und gesellschaftliche Verhältnisse zu verstehen, die ihnen weder »menschlich« noch vertraut erscheinen, sondern vollkommen fremd.

Manchmal erinnern die Beschreibungen an die Memoiren des Herzogs von Saint-Simon, der bis ins kleinste Detail und mit unermüdlicher Neugier das ihm fremde Leben am spanischen Hof beschreibt, das Ritual ebenso wie das förmliche und spontane Verhalten der Höflinge. Saint-Simon macht dort halt, wo die soziologische oder ethnologische Analyse einsetzen würde, die Norbert Elias später entwickeln sollte. Saint-Simon freilich war selber Höfling und Europäer, und Norbert Elias war ein europäischer Historiker. Die von ihnen beschriebenen Kulturen waren ihnen wenigstens zum Teil vertraut. Demgegenüber tasten die chinesischen Diplomaten in einem ihnen völlig unbekannten Raum ohne erkennbare Dimension und ohne historische Orientierung. Sprache, Begriffe, Logik, Intellektualität, gesellschaftliche Verhaltensweisen scheinen einer auf den Kopf gestellten oder zumindest erst einmal unfaßbaren Welt zu entspringen. Diese Chinesen befinden sich in der Situation ethnologischer Feldforschung: Sie versuchen zu verstehen, was nach herkömmlichen Kriterien oft absurd ist, sie beschreiben und analysieren Konstellationen des Verhaltens und der Aussagen, um Regeln und »Sinn« dort zu rekonstruieren, wo alles widersinnig organisiert oder ohne Organisation erscheint. Hier entwickelt sich eine Intellektualität zwischen den Kulturen: zwischen deren »Grammatiken«, zwischen deren Mentalitäten samt ihren Techniken, und sie geht gezwungenermaßen und gleichsam instinktiv ethno-soziologisch vor.

Zugleich ist dies alles auch integraler Teil der europäischen Geschichte. Zum einen ist es die westliche Machtpolitik, welche China mit wirtschaftlicher und Waffengewalt zwingt, an den Praktiken der diplomatischen Kommunikation teilzunehmen, deren Codes zu lernen und deren Regeln einzuhalten.

Zum anderen geben uns die chinesischen Berichte die Möglichkeit, das Europa des späten 19. Jahrhunderts außerhalb der zirkulären Selbstbestätigung von außen beschrieben und erklärt zu sehen.

Natürlich konzentrieren sich die chinesischen Gesandten zunächst auf ihr berufliches Feld: politische Klassen, diplomatische Familien, Aristokratien der europäischen Länder, Rituale der westlichen Diplomatie. Dann geraten die Beziehungen zwischen den Geschlechtern in den Blick, das Alltagsverhalten der Oberschichten. Demgegenüber wird das Volk, selbst die Mittelschicht oder das Kleinbürgertum, nur dann angesprochen, wenn die Oberschicht davon berührt wird, seien es Adel oder Bourgeoisie: durch Verbrechen, Streiks, Attentate. Das öffentlich sichtbare Alltagsleben findet in die Berichte Eingang, nicht jedoch das Privatleben der Europäer, das den ersten chinesischen Diplomaten verschlossen bleibt. Sie erwähnen es jedenfalls selten.

Damals wie heute verstehen die Chinesen unter dem europäischen »Westen« weniger eine geographische als vielmehr eine kulturelle Einheit. Tatsächlich umfaßt sie im wesentlichen West- und Mitteleuropa und die Vereinigten Staaten von Amerika. Freilich sind zwischen beiden Kontinenten die Unterschiede ebenso groß wie die Gemeinsamkeiten. Die USA etwa weisen keine feudale Vergangenheit auf, und auch noch gegen Ende des 19. Jahrhunderts verzeichnen die chinesischen Diplomaten deutliche Unterschiede zwischen den verschiedenen politischen und gesellschaftlichen Systemen Europas, das sie dennoch als Einheit auffassen. Beim Blick auf Europa allerdings bestimmt England die Wahrnehmung. Dafür gibt es zwei Gründe. Erstens ist London lange das Zentrum der chinesischen diplomatischen Aktivitäten in Europa, auch wenn das Qing-Reich nacheinander in anderen Ländern Botschaften eröffnet. Die Londoner Vertretung bleibt bis zur Jahrhundertwende für die restlichen europäischen Staaten zuständig. Von hier aus bereisen ihre Mitglieder zunächst Frankreich, Deutschland, Italien, Rußland. 1877 wird die Botschaft in Berlin eröffnet und bildet ein weiteres Zentrum der chinesischen Diplomatie in Europa. Zweitens nimmt England mit seiner imperialistischen Politik eine beherrschende Rolle für China ein. Beide Seiten sind hierfür besonders sensibilisiert.

Die folgende kleine Geschichte mag dies exemplarisch verdeutlichen: Die erste chinesische Gesandtschaft hatte ursprünglich den kürzesten Weg nach Europa vorgesehen, und zwar auf dem Schiff einer französischen Gesellschaft. Halliday Macartney (1833–1906) jedoch, für die nächsten 30 Jahre Sekretär der chinesischen Botschaft in London, fand es absurd, eine chinesische Gesandtschaft unter französischer Flagge zum Zentrum des Britischen Empire segeln zu lassen. Er setzte Himmel und Hölle in Bewegung, damit die Delegation auf einem Passagierdampfer der P. & O. Company fahren konnte, schneller als mit dem französischen Boot und zudem mit einem englischen Zielhafen. Dort sollten die Chinesen zuerst europäischen Boden betreten. In der Tat handelt es sich »um eine patriotische Idee, die geschickt in einem gewöhnlichen Reiseprogramm untergebracht wurde«.[3] Es erstaunt nicht, daß unter den seinerzeit drei wichtigsten europäischen Ländern, die in den Berichten behandelt werden – England, Deutschland, Frankreich –, für die chinesischen Diplomaten England mit seinem Alltagsleben und seinen Institutionen, aber auch mit seinen sozialen Auseinandersetzungen und Kompromissen zunächst die wesentliche Referenz bleibt. Ihr Blick ist in besonderem Maße von der Meinung der viktorianischen Eliten geprägt, von denen sie zuerst empfangen werden.

Unsere Darstellung beschränkt sich auf die Periode zwischen 1866 und 1894. 1866 wird die erste chinesische Delegation vom Hof der Qing nach Europa geschickt. Das Jahr 1894 markiert einen Bruch in der chinesischen Geschichte. Die Niederlage im Krieg gegen Japan bedeutet zugleich das Scheitern der sogenannten »Gruppe der Westpolitik«. Diese Bewegung konzentrierte sich auf die Einführung europäischer Techniken, was China jedoch ohne eine notwendige grundlegende Reform der traditionellen Institutionen nicht retten konnte. Angesichts der tiefen Erniedrigung wird zum ersten Male die Überlegenheit des Konfuzianismus ernsthaft in Frage gestellt. Die reformorientierten Kräfte bestätigen noch einmal die Übermacht der westlichen Zivilisation und die Notwendigkeit einer Öffnung Chinas. Demgegenüber wird von den konservativen Gelehrten/Beamten ebenso wie im Volk alles Fremde mit bislang ungekannter Gefühlsaufwallung zurückgewiesen. Dennoch weitet sich das chinesische Interesse an Europa auf dessen politische und ideologische Systeme aus. Yan Fu (1853–1921) veröffentlicht ab 1894 mit großem Erfolg Übersetzungen einer Reihe grundlegender ökonomischer und politischer Texte aus dem Westen. Von nun an findet das europäische Denken verstärkt Eingang nach China, und die Entdeckung des Westens beschleunigt und verändert sich. Sie konzentriert sich fortan auf historische und ideologische Aspekte und verliert den oft naiv-erstaunten anthropologisch-ethnologischen Charakter der ersten Diplomatenberichte.

Die ersten chinesischen Diplomaten und ihre Berichte

Die Wahrnehmung und Bewertung der europäischen Kultur durch die ersten chinesischen Diplomaten erklärt sich zunächst aus ihrer kulturellen und psychologischen Identität. Diese ist um so komplexer, als der Status eines Diplomaten in der Welt der chinesischen Gelehrten, der die Diplomaten angehörten, nicht akzeptiert wurde.

Die westlichen Mächte haben ohne Verzug ihre diplomatischen Gesandtschaften in Peking errichtet, wie es der Vertrag von Tianjin bestimmte, der 1858 abgeschlossen wurde. Das chinesische Reich dagegen sandte seine ersten Diplomaten erst nach langem Zögern in den Westen. Dies erklärt sich aus dem chinesischen Ethnozentrismus und dem darauf gestützten Tributsystem. Eine Staatsnation innerhalb der neuen Welt zu werden erforderte vom Reich der Mitte eine große Anstrengung, eine enorme kulturelle, psychologische und institutionelle Anpassung.

Ihr Reich war für die Chinesen nicht eine Nation unter anderen. Es war die einzige wahrnehmbare »kulturelle Einheit«. Alle nicht-chinesischen Völker, die anders lebten und die konfuzianischen Werte nicht teilten, wurden als Barbaren angesehen, die sich dem Kaiser zu unterwerfen hatten. Der chinesische Kaiser schickte Gesandte nur in die tributpflichtigen Länder, um ein kaiserliches Patent – etwa vergleichbar mit einem Lehensbrief – bei der Thronbesteigung eines neuen Königs zu vergeben oder um Aufstände zu unterdrücken. Die tributpflichtigen Länder sandten hingegen regelmäßig ihre Botschafter nach China, um dem chinesischen Kaiser die Akkreditierungsbriefe und den Tribut zu überbringen. Das chinesische Reich unterhielt solche tributären Beziehungen wegen seiner politischen, wirtschaftlichen, kulturellen, aber auch militärischen Vorherrschaft mit den Anrainerstaaten wie Korea, Annam, Siam und Birma. Die Entsendung der Diplomaten war dementsprechend für die Chinesen ein Zeichen der Unterwerfung, und die Funktion der kaiserlichen Abgesandten und Botschafter hat mehr mit dem Zeremoniell und der Wirtschaft als mit Diplomatie im neuzeitlichen europäischen Sinne zu tun.

Im Rahmen dieser Tradition stellten sich die gebildeten chinesischen Beamten dem erzwungenen Kontakt zu den westlichen Ländern, die zu jenen Nationen gehörten, die sie als Barbaren betrachtete. Diese konnten nur dann in Verbindung mit China treten, wenn sie akzeptierten, tributpflichtige Vasallen des Reichs der Mitte zu werden. 1793 sandte der englische König George III. den Earl George Macartney (1737–1806) nach China, um zugunsten der britischen Händler um die Öffnung der Häfen und die Einrichtung eines Lagerhauses in Peking zu ersuchen. Macartney war der erste englische Botschafter, der nach China gesandt wurde. Die Geschenke des englischen Königs wurden vom chinesischen Kaiser Qianlong (1736–1795) als Tribut angenommen. Doch wurden die Anfragen aus England abgelehnt. Immerhin wurde Lord Macartney nicht gezwungen, vor dem Kaiser Qianlong den Kotau, die rituelle Unterwerfungsgeste auszuführen. Dennoch empörte die Behandlung des englischen Botschafters und seines Gefolges die Delegation des britischen Empire, deren Überlegenheitsgefühl nicht minder stark ausgeprägt war als das chinesische.

Wenn der erste englische Botschafter und sein Gefolge nicht recht wußten, wie sie sich einem prosperierenden China gegenüber verhalten sollten, so waren Mitte des 19. Jahrhunderts die europäischen Länder hinreichend stark, ihren Willen einem Reich aufzuzwingen, das sich nun im Niedergang befand. Nachdem sie es 1861 endlich erreicht hatten, in Peking ihre diplomatischen Legationen einzurichten, wollten die westlichen Mächte über permanente chinesische Gesandtschaften in Europa und den USA verfügen.

Unter dem Druck der Kriegsandrohung durch die Westmächte und unter dem Einfluß der unermüdlichen Überredungskunst von Sir Robert Hart (1835–1911), Generalinspektor des chinesischen Seezollamtes, wurde schließlich die Gründung der ersten chinesischen Botschaft in Europa beschlossen. Vor deren endgültiger Eröffnung organisierte Hart drei offizielle chinesische Delegationen in den Westen, und zwar in den Jahren 1866, 1868 und 1871. Am 21. Januar 1877 richtete sich die Botschaft schließlich in London ein. Damit nahm das chinesische Tributsystem ein Ende, und der chinesische Ethnozentrismus erlebte einen fatalen Mißerfolg.

Die Entsendung der chinesischen Repräsentanten war eine zugleich politische und kulturelle Entscheidung. In ihrem Gefolge mußten die einschlägigen Institutionen des Reichs angepaßt oder neu gegründet werden. Chinas Eintritt in die weltweite Völkerfamilie ist ein diplomatiehistorisches Ereignis. Doch gehört die Bildung des chinesischen diplomatischen Personals auch in den Bereich der Sozialgeschichte.

Stellung und Aufgaben der Diplomaten

Was bedeutet es, im China der späten Qing-Dynastie ein Diplomat zu sein? Die Frage stellt sich, weil es zu dem Zeitpunkt, da China unter politischen, wirtschaftlichen und militärischen Druck gesetzt wird und Kontakte zur westlichen Welt aufnehmen muß, keine Diplomatenlaufbahnen und folglich keine ausgebildeten Diplomaten gibt. Die Tatsache, daß diese Kontakte nicht mehr nach den althergebrachten chinesischen, sondern nach den Spielregeln der westlichen Welt gestaltet werden, hat auch psychologische Folgen, und zwar für die einzelnen Gesandten wie für die gesamte Gruppe. Anders als in Europa, wo die Diplomaten traditionell aus dem Kreis des Hofes stammen, dem Adel angehören oder ihm zumindest assimiliert sind, muß der Platz der neuen chinesischen Diplomaten in der Gesellschaft gegen Ende der Qing-Dynastie (1840–1911) erst noch bestimmt werden, sowohl in professioneller als auch in sozialer

Hinsicht. In dieser Situation verstehen sich diese Gesandten mehr als kulturelle denn als politische Gesandte.

Tatsächlich wurde im chinesischen Altertum und von Konfuzius die Diplomatie als eine Begabung geschätzt und als eine besondere Kunst angesehen, insbesondere während der Epochen des Frühlings und des Herbstes und der Streitenden Reiche (770–221 v. u. Z.). Es gab diplomatische Talente, die von den Königen oder Fürsten unterhalten wurden, an militärischen Strategien mitarbeiteten und vor allem zu Allianzen beitrugen. Aber diese Talente und die entstehende Konzeption der Diplomatie verschwanden mit der Vereinheitlichung von China. Von da an kannte das chinesische Reich nur noch Beziehungen zu tributpflichtigen Ländern. Seine Abgesandten dorthin wurden als Kommissare betrachtet.

Auch nach der Einrichtung der chinesischen Botschaften im westlichen Ausland gab es dort lange Zeit keine Diplomaten, die eine qualifizierte Berufsausbildung bekommen hätten und dadurch über besondere Kenntnisse über die internationalen Beziehungen verfügten, mit Ausnahme der Absolventen der Fremdsprachenschulen. Von 54 chinesischen Botschaftern zwischen 1876 und 1911 waren 40 Beamte des Qing-Hofes oder der Provinzen. Lediglich 13 waren Diplomierte der Fremdsprachenschulen, und sie wurden ausnahmslos erst nach 1881 ernannt.

Ein Vertreter Chinas hatte nicht selten mit mehreren Ländern zu tun. Nach der Einrichtung in London wurden weitere chinesische Botschaften in Deutschland und Japan (1877), den USA und Rußland (1878) eröffnet. Bis die Qing-Regierung weitere Botschaften in Frankreich (1895), Italien, Belgien und Österreich (alle 1902) sowie in den Niederlanden (1905) gründen konnte, waren die Londoner und die Berliner Vertretung für die anderen europäischen Staaten zuständig. Der Botschafter in den Vereinigten Staaten repräsentierte sein Land zugleich in Peru und im portugiesischen und spanischen Kuba.

Mit den anderen Staaten wollte das Reich nie diplomatische Beziehungen auf Botschafterebene aufnehmen. Ein über die chinesische Einstellung zu jener Zeit gut informierter französischer Beamter im Außendienst bemerkte hierzu nicht ohne Ironie: »Man mag sich fragen, wozu diese Delegationen dienen. Sie verbringen die meiste Zeit im Schlafwagen. Sie sollten zumindest dankbar sein und den Himmlischen am Hofe den Gebrauch der Eisenbahn nahebringen. Die erleichtert ja glücklicherweise die diplomatischen Beziehungen außerordentlich.«[4]

Der Hof betraute seine Emissäre nur selten mit bedeutenden diplomatischen Aufgaben. Dadurch hatten sie keine Gelegenheit, wichtige internationale Beziehungen anzuknüpfen. Eine Kritik, die am 12. Februar 1886 in »Shenbao« (»Zeitung von Schanghai«) veröffentlicht wurde, hebt den desolaten Zustand der chinesischen Diplomatie hervor: »Wieviel Repräsentanten haben wir im Ausland, um die Interessen und die Ehre Chinas zu vertreten? Wir haben fünfzehnmal weniger als die Ausländer; in dieser Hinsicht nehmen wir den letzten Rang ein. Und doch schickt China die meisten Emigranten ins Ausland! Wir unterhalten mit den ausländischen Mächten, selbst in Europa, diplomatische Beziehungen ohne jeden Wert [...]. Ihr [der chinesischen Regierung] wird allerdings wirklich von ihren Gesandten sehr schlecht gedient, und die paar Legationen, die heute bestehen, sind ohne jeden Nutzen [...]. Was beobachten wir bei unseren Gesandten? Genau das Gegenteil von dem, was wir bei denen anderer Länder sehen. Sie umgeben sich mit großem Personal. Sie erhöhen sinnlos die Staatsausgaben. Es ist traurig, aber wahr: In ihren Augen ist der persönliche Vorteil wichtiger als die Ehre ihres Landes. Sie knüpfen keine Beziehungen an. Sie leben abseits. Sie geben keine Empfänge. Sie versuchen, sowenig wie möglich auszugeben, um mit Taschen voll Gold wieder zurückzukommen. Ist es unter diesen Umständen möglich, Repräsentanten unseres Reiches ins Ausland zu senden? Können wir so wirklich die Achtung und die Freundschaft anderer Regierungen und Völker erhalten?«[5]

Entsprechend der vom Hof festgelegten Auftragsliste, übernahmen die Abgesandten die Aufgabe, die chinesischen Studenten im Ausland zu überwachen und die chinesischen Immigranten zu schützen, und kauften von Zeit zu Zeit Waffen ein. Sie waren also, anders als die Diplomaten anderer Länder, weniger darum bemüht, die Position ihres Landes in der Welt durch diplomatische Aktivitäten zu verstärken. Li Fengbao beispielsweise, Botschafter in Berlin zwischen 1878 und 1884, hat sich während seiner Amtszeit kein einziges Mal mit Bismarck getroffen. Die chinesischen Diplomaten hatten von ihrer Regierung den Auftrag erhalten, Zeugen der europäischen Zivilisationen zu sein. Eine ihrer Hauptaufgaben war es, während ihrer Reisen ein Maximum an Informationen zu sammeln und schriftlich ihre Eindrücke bezüglich der Bräuche im Ausland niederzulegen. Dies sollte der Information zukünftiger Diplomaten und der chinesischen Beamten dienen. »Es wäre interessant, die Aufzeichnungen zu lesen, die Chinas Vertreter laufend ihrer Regierung zusenden; sie bildeten zweifellos einen ausgezeichneten Führer für Touristen, die die Länder Europas besuchen«, bemerkte ein französischer Beamter.

Tatsächlich waren die chinesischen Gesandten gezwungen, die gewohnte Struktur ihrer Kenntnisse und ihres Wissens grundlegend zu verändern. Die meisten hatten eine klassische chinesische Bildung erhalten oder identifizierten sich zumindest mit der Schicht der Gebildeten. Die Tradition verlangte von jedem Beamten, Spezialist der chinesischen Geschichte und der konfuzianischen Klassiker zu sein. Er verbrachte seine Zeit damit, seine Schönschrift zu kultivieren. Er nahm die Gewohnheit zu schreiben an, auch wenn er nicht davon lebte. Er erörterte in seinen Schriften die unterschiedlichsten Themen wie Politik, Geschichte und Literatur. Vom Altertum bis zum Ende der Qing-Dynastie erwartete man von einem gebildeten – und examinierten – Chinesen, sich zugleich als Dichter, Historiker und Philosoph zu bewähren. Diese Art der Ausbildung war für die ersten chinesischen Diplomaten nicht unbedingt nutzlos, zumal ihr Auftrag mehr kultureller als diplomatischer Art war.

Die kulturelle Funktion der chinesischen Gesandten wurde auch von europäischer Seite erkannt. Hier schätzte man die Umgangsformen der Chinesen höher ein als deren eigentliche diplomatische Tätigkeit. Guo Songtao etwa erschien den Europäern als besonders charmant, weil er die europäischen Höflichkeits- und Umgangsformen respektierte. »In den Salons von Paris wie in London verschaffte er sich besondere Sympathien wegen seiner Weltgewandtheit, seines persönlichen vornehmen Betragens, seiner natürlichen Höflichkeit, die auch als ›Höflichkeit des Herzens‹ beschrieben wird.«[6] Nach dem zeitgenössischen Beobachter Henri Cordier war Guo Songtao ein »aufgeklärter Geist von großer Höflichkeit und mit sicheren Umgangsformen«.[7] Der ehemalige englische Premierminister Gladstone bezeichnete Guo Songtao als »den sympathischsten Asiaten, dem ich jemals begegnet bin.«[8] Freilich wird nur wenig über dessen diplomatisch-politische Erfolge berichtet.

Zeng Jize hingegen, der 1878 in England als Nachfolger von Guo Songtao, dann als Botschafter in Rußland ernannt wurde, war einer der seltenen chinesischen Gesandten der Qing, die wirklich diplomatische Aufgaben wahrnahmen. Bereits im Büro für westliche Beziehungen hatte Zeng Jize Gelegenheit, seine Kenntnisse Europas zu vertiefen. Er freundete sich mit europäischen Persönlichkeiten an, die einen Einfluß auf die Entwicklung der auswärtigen Angelegenheiten ausübten, darunter W. A. P. Martin, Halliday Macartney, Richard Timothy, und er bat sie regelmäßig um Rat. Im Alter von 30 Jahren begann er, Englisch zu lernen, und er war der erste, der die Geometrie Euklids ins Chinesische übersetzte. Während seiner mehr als achtjährigen Dienstzeit vermied er dank seines diplomatischen Talents einen Krieg zwischen Rußland und China. Zugleich bekräftigte er die chinesische Souveränität auf Ili und auf Kashgaria in Xinjiang. Henri Cordier schätzte ihn als Diplomat: »intelligent, angenehm und gastfreundlich, und ohne jeden Zweifel hätte er eine ausgezeichnete Karriere in Europa vor sich«.[9] Er war der erste chinesische Diplomat, der sich mit seinen europäischen Verhandlungspartnern ausdrücklich auf politischem und nicht mehr ausschließlich kulturellem Niveau maß. Sein Freund, der amerikanische Missionar A. P. Park (1850–1924), bemerkte hierzu:

»Unter den vielen Botschaftern und Gesandten, die von der chinesischen Regierung in den letzten zwanzig Jahren ins Ausland geschickt wurden, war niemand vielversprechender oder hatte mehr Einfluß auf die auswärtigen Beziehungen als der Graf Zeng [...]. Er besaß das Vertrauen seiner eigenen Regierung, und zugleich genoß er die besondere Aufmerksamkeit der europäischen Regierungen, zu denen er gesandt wurde.«[10]

In diesem Fall sind es also die von Zeng erzielten diplomatischen Leistungen und seine politischen Fähigkeiten, welche die Achtung der chinesischen und die Aufmerksamkeit der europäischen Regierungen hervorrufen, weniger seine Einstellung zur europäischen Kultur und Zivilisation. Einige Gesandte unternahmen von nun an Anstrengungen, sich die spezifischen beruflichen Kompetenzen der diplomatischen Arbeit anzueignen. Das erste Hindernis, mit dem die gebildeten chinesischen Beamten in ihrem Kontakt zu den europäischen Mächten konfrontiert wurden, war die Sprache. Zur gleichen Zeit, da in China die ersten Fachhochschulen für Fremdsprachen zur Ausbildung von Dolmetschern gegründet wurden, bemühten sich chinesische Botschafter im Westen, Englisch zu lernen. Hong Jun (1839–1893), Botschafter in Rußland, Deutschland, Australien und Holland, sowie Zhang Yinhuan (1837–1890), Botschafter in Amerika, dann Gesandter in Europa, gelang es, sich in ihren Gesprächen, Briefen und Telegrammen perfekt auf Englisch auszudrücken. Zhang Yinhuan wurde nach einem ausführlichen Studium der einschlägigen Quellen ein Spezialist der europäischen Verfassungen. Von nun an aber wurden die Diplomaten an den Fachhochschulen für Fremdsprachen ausgebildet und beherrschten mindestens ein europäisches Idiom. Zu den ersten Diplomierten zählte Yunghong, der spätere Botschafter Chinas in den Vereinigten Staaten.

Die neue Karriere als Diplomat brachte allerdings eine Distanz gegenüber der Schicht der gelehrten Beamten, aus denen sich die herrschende Klasse des Reichs zusammensetzte, mit sich. Hier sahen sich die Gesandten einer besonderen psychologischen Belastung und kulturellen Bewährungsprobe ausgesetzt. Als die ersten chinesischen Gesandten die Regeln und Aufgaben der Diplomaten erlernten, wollten sie sich keineswegs von der Klasse der Gebildeten entfernen. Es bereitete ihnen jedoch Schwierigkeiten, ihre diplomatische Funktion zu rechtfertigen. Keineswegs alle chinesischen Gelehrten erkannten die Legitimität des Diplomatenstatus an. Die erste Generation der Gesandten mußte ernsthaft befürchten, von ihrem eigenen sozialen Milieu isoliert und ausgestoßen zu werden.

Die Clique der »Reinen« setzte sich aus den Zensoren, den Höflingen der Akademie und den örtlichen Beamten zusammen. Sie waren bereit, sich in den Kampf gegen alle Aktivitäten und Verhaltensweisen zu stürzen, die nicht aus den rituellen Prinzipien des Konfuzianismus abgeleitet waren, der zugleich »ungeschriebene Staatsverfassung und gesellschaftlicher Moralkodex« war.[11] Sie widersetzten sich jeglicher Politik des Wandels im Inneren Chinas und standen in strikter Opposition zur Außenwelt. Um die »Kritik der Reinen« geschart, formten die konservativen gelehrten Beamten eine Lobby, welche die Qing-Regierung zu beeinflussen suchte. Ihr Verdikt konnte eine Person gesellschaftlich vernichten oder eine neue Politik zum Scheitern bringen. Die Parteigänger der »Reinen« ertrugen den Gedanken nicht, daß Chinesen mit »Barbaren« gemeinsame Sache machen oder sich gar »barbarisieren« lassen könnten. Wenn sie es schon nicht hatten verhindern können, daß der Kaiserhof Diplomaten in den Westen schickte, so konnten sie auf diese doch psychologischen Druck ausüben und sie schikanieren, indem sie die Diplomaten als Landesverräter und Abweichler vom Konfuzianismus denunzierten oder sie einfach als Geiseln betrachteten.

Die ersten chinesischen Diplomaten gehörten zusammen mit weiteren gebildeten Beamten zur »Partei der westlichen Angelegenheiten«. Sie hofften, das Land mit Hilfe einer Europäisierung stärken und das Kaiserreich retten zu können. Prinzipiell sollte »die chinesische Kultur das Fundament bleiben, auf dem westliche Kenntnisse angewandt werden«. Weder die konfuzianischen Werte noch das Regime des Kaiserreichs sollten geandert werden. Dennoch waren diese Beamten sich darüber im klaren, daß die traditionelle Konzeption chinesischer Außenpolitik revidiert werden mußte. Ein solcher Realismus schloß eben auch die pragmatische Entsendung von Diplomaten nach Europa und Amerika ein.

Zwischen beiden politischen Positionen lavierte der kaiserliche Hof um die Kaiserwitwe Cixi. Er hatte keine andere Wahl, als sich zur Rettung des Regimes auf die »Gruppe der westlichen Angelegenheiten« zu stützen, teilte jedoch zugleich auch die Gefühle der Clique der »Reinen«. Für die Angehörigen des Hofes war es eine Demütigung, Vertreter ins Ausland senden zu müssen, weil China schwach war. Sie baten Länder, die ihnen aus ihrer Sicht Tribut pflichteten, um Frieden. Diese Stimmung war dafür verantwortlich, daß der Hof die Entsendung seiner Vertreter so lange wie möglich hinauszögerte. Zugleich wurde dadurch die Auswahl der Gesandten zu einer komplizierten Angelegenheit, und die Haltung des Hofes ihnen gegenüber war zwiespältig.

Die Ernennung des Leiters der ersten chinesischen Delegation nach Europa durch den Hof ist bezeichnend für die mandarinale Einschätzung des Diplomatenstatus. Binchun (geb. 1802) wurde für diese Stellung in erster Linie deshalb ausgewählt, weil er ein Mandschu war. (Die Mandschurei liegt im Nordosten Chinas; von 1644 bis 1911/12 herrschte in China die mandschurische Qing-Dynastie.) Tatsächlich mochte die herrschende Mandschudynastie eine solche Mission nicht einem Chinesen anvertrauen. Allerdings war Binchun nur Distriktsmagistrat und nahm damit lediglich einen niedrigen Dienstgrad unter den Beamten ein. Damit zeigte der Hof, daß er den Beziehungen zu den »Barbaren« keine allzu große Bedeutung beimaß. Und schließlich unterhielt Binchun bereits Beziehungen zu den Europäern. Er hatte immerhin zwei Jahre unter der Leitung des Engländers Robert Hart im chinesischen Zollamt gearbeitet.

Ein in Peking residierender Engländer durchschaute diese Zusammenhänge durchaus. In seiner Schilderung von Binchuns Persönlichkeit wirft er der chinesischen Regierung vor, aus Verachtung für die auswärtige Politik keinen hochrangigen Beamten nach Europa geschickt zu haben: »Es ist sehr schade, daß die Chinesen keinen intelligenteren und jüngeren Mann als Binchun ausgewählt haben, der 64 Jahre alt und ein fürchterlicher Schwatzkopf ist. [...] Auch wenn ihre erste Mission in Europa noch keinen offiziellen Charakter trägt, hätten sie einen bedeutenderen Mandarin als Bin einsetzen sollen. Seine Beziehungen besitzen für die gebildete Klasse der Chinesen nur wenig Gewicht. Die sind nun tatsächlich nur neidisch auf seine Beförderung, die sie als zu wohlfeil erkauft ansehen. Der Grund für die Wahl Bins liegt einzig darin, daß er mit einem der Minister im chinesischen Auswärtigen Amt verschwägert ist.«[12] Abgesehen von seinen Beziehungen, denen er überhaupt seine Stellung verdanke, sei Binchun nur ein recht mittelmäßiger Beamter.

Diese Einschätzung ist allerdings unvollständig. Dem Engländer ist entgangen, daß die Mission Binchuns in den Augen der Beamten keinesfalls etwas Ehrenvolles darstellen konnte. Niemand bemühte sich um diese Stellung. Als das Außenministerium sie zur Besetzung freigab, wollte kein Funktionär sie annehmen. Man befürchtete, sie sei ebenso gefährlich wie die Rolle einer Geisel. Auch heißt es in Quellen des Außenministeriums, die Beamten hätten Angst vor der langen Seereise. In Wirklichkeit kann es also für Binchun nicht sehr schwierig gewesen sein, den Posten zu erhalten.

Obwohl er Mandschu vom Banner der Han war, hatte Binchun eine konfuzianische Erziehung genossen und die kaiserliche Beamtenprüfung abgelegt. In kultureller Hinsicht identifizierte er sich mit den Chinesen, anders als die meisten Mandschu-Intellektuellen seiner Generation. Er glaubte – oder wollte vielmehr glauben –, daß seine Mission dazu diente, das Ansehen der chinesischen Kultur und insbesondere des Konfuzianismus zu erhöhen.

Tatsächlich war die Entsendung ins Ausland für einen gebildeten Beamten gleichbedeutend mit einem Exil und mit dem

Ende seiner Karriere. Zhigang und Sun Jiagu, zwei Minister der Delegation Burlingames, verbrachten den Rest ihres Lebens auf weit abgelegenen Posten, etwa an der mongolischen Grenze. Ein derartiger Rückschlag erhöhte natürlich nicht gerade die ohnehin geringe Attraktivität einer solchen Mission. Dementsprechend stand etwa der damalige chinesische Premierminister Li Hongzhang vor dem Problem, zugleich fähige und freiwillige Funktionäre für den diplomatischen Dienst zu finden.

Der erste chinesische Botschafter im westlichen Ausland, Guo Songtao, war von der Bedeutung und vom Nutzen seiner Mission überzeugt. Er war heftigsten Angriffen seitens der Beamten ausgesetzt. Er zeichnete sich durch seine Kenntnis der Außenpolitik aus und wurde nach London berufen. Dort unterzog er sich einem konzentrierten Studium der Rolle der »Barbaren« für die Geschichte Chinas seit der Unterzeichnung der Pekinger Konvention von 1860. Er gelangte zu dem Ergebnis, daß es in Chinas Vergangenheit niemals derartige Stämme gegeben habe wie die zeitgenössischen europäischen »Barbaren«. Anstatt sie zu verachten, müsse man sie ernst nehmen und sich auf sie einlassen. Er war der Überzeugung, daß das Reich seine Probleme mit den »Barbaren« mit Hilfe des internationalen Rechts und der Diplomatie lösen könne, zumal es keinerlei Chance besitze, einen Krieg gegen die Westmächte zu gewinnen. Er setzte damit seine Reputation in China aufs Spiel. Doch er beharrte darauf, daß das Land Europa nur unzureichend kenne und ein Angriff auf den Westen unweigerlich in eine nationale Katastrophe führen müsse. Guo war durchaus stolz auf seine Kenntnisse über die »Barbaren«. Er hielt sich für die fähigste Person auf einem derartigen Posten. Dennoch akzeptierte er seine Ernennung nicht ohne Zögern. Denn »als Gesandter im Ausland wird man von den Leuten heute verachtet. Deshalb hat auch niemand Lust, es zu werden«.[13] Bei der Bekanntgabe seiner Berufung brach ein Sturm der Verleumdungen los. Die Leute seiner Heimatprovinz fühlten sich beschämt und ließen ein antithetisches Spruchpaar kursieren, in dem auf die Ernennung Guos angespielt wird: »Er ist unfähig, den Menschen zu dienen, wie soll er fähig sein, den Teufeln zu dienen? Welches Interesse gibt es, sein Heimatland zu verlassen?«[14] Die Kandidaten des kantonalen Beamtenexamens gingen so weit, die Tür seines Hauses aufzubrechen, dermaßen entrüstet waren sie über den Gedanken an seine Abfahrt nach Europa. Auch die Gelehrten in Peking verachteten ihn als Vaterlandsverräter. Seine Ehefrau weigerte sich, mit ihm in ein Land der »Barbaren« zu fahren, Guo nahm also seine Konkubine mit. Seine Freunde rieten ihm davon ab, die Mission anzunehmen. Der soziale Druck auf ihn wurde dermaßen stark, daß er den Hof um die Erlaubnis bat, die Ernennung abzulehnen, »um ihn gleichsam von der öffentlichen Verurteilung zu begnadigen«.[15] Der Hof lehnte die Bitte ab. Er verfügte über niemand anderen, der Guo ersetzen konnte.

Guo Songtao beobachtete während seines Aufenthalts in London aufmerksam das Erziehungswesen und das politische System. In seinen Aufzeichnungen spart er darüber nicht an Lob. Die Mehrheit seiner Landsleute fand ihn völlig unerträglich. Für sie war es ein Verbrechen, mit »Barbaren« Umgang zu pflegen und sie gar noch zu bewundern. Selbst seine engsten Freunde bedauerten, daß er zu sehr vom Westen »infiziert« sei. Die zweideutige Haltung des Qing-Hofes erschwerte die Lage für Guo noch. Seine Aufgewecktheit und Intelligenz mißfielen der Regierung. Und um seine Handlungsfreiheit gehörig einzuschränken, ernannte sie einen Vizebotschafter, Liu Xihong. Dessen Auffassungen von chinesischer Außenpolitik waren denen Guos entgegengesetzt. Doch von den politischen Differenzen einmal abgesehen ist es durchaus möglich, daß Liu aus einer ablehnenden Haltung gegenüber dem schändlichen Diplomatenstatus heraus eine deutliche Distanz zu den »Barbaren« markieren wollte und aus diesem Grund derart heftig auf die freundlichen und höflichen Umgangsformen reagierte, die Guo gegenüber den Europäern an den Tag legte.

Aus London schickte Liu Xihong pausenlos diffamierende Berichte über Guo Songtao an den Hof. In seinem Schreiben vom 6. Mai 1878 erwähnt er »Zehn Verbrechen«, die Guo in seinem beruflichen wie in seinem privaten Leben und natürlich im Umgang mit den Europäern begangen habe. Das erste Verbrechen sei es gewesen, die chinesische Politik vor Engländern kritisiert zu haben. Die anderen Vorwürfe sind Nichtigkeiten. Wie habe er es etwa zulassen können, daß beim Besuch einer Befestigung sein kaiserliches Beamtengewand wegen eines plötzlich einsetzenden Regens vom maltesischen Gouverneur mit einem Regenmantel bedeckt wurde? Ein Chinese sollte lieber heroisch an Erkältung sterben, als die Kleidung eines Barbaren zu tragen! Wie habe er, der Botschafter des Sohnes des Himmels, sich zum Gruß des Königs und der Königin eines kleinen Landes wie Brasilien erheben können? Er, Guo, habe sich sogar erdreistet, den Ersatz der gelben Drachenfahne in Erwägung zu ziehen, nur weil er festgestellt hatte, daß einer internationalen Konvention zufolge ein Schiff die gelbe Flagge hißt, um damit Hilfe für einen in Gefahr befindlichen Passagier anzufordern. Ist doch die gelbe Fahne bereits als Symbol des Reiches der Mitte reserviert! Wie die Europäer verfolge Guo Konzertaufführungen anhand von Partituren, ohne sie von Noten oder Text her verstehen zu können. Guo lege seinen Fächer aus der Hand, um wie die Engländer zum Schirm zu greifen. (Den Nutzen des jeweiligen Utensils in einer Stadt wie London diskutiert Liu nicht.) Guo bemühe sich, Englisch zu sprechen, Guo ermutige auch seine Konkubine, diese Sprache zu lernen, Guo wolle sie ins Theater mitnehmen – all das irritierte und ärgerte Liu Xihong.[16]

1878 wurden Guo und Liu nach China zurückgerufen. Ihre Zusammenarbeit war unmöglich geworden. Die »Times« erinnerte aus diesem Anlaß in einem Leitartikel an die Eröffnung der ersten chinesischen Botschaft und würdigte Guo Songtaos Arbeit. Er kenne Europa gut und kehre mit der guten Absicht nach China zurück, dort anzuwenden, was er hier gelernt habe. Der Leitartikel bedauert die Entscheidung der Qing-Regierung, Guo und Liu zugleich zurückzubeordern, ohne zu unterscheiden, wer recht und wer unrecht habe. Die »Times« irrte. In Wirklichkeit wußte der Hof das sehr genau. Die Kaiserin Cixi drückte es deutlich während einer Audienz für Guos Nachfolger Zeng Jize kurz vor dessen Abreise nach London aus:

»Anweisung: Wir sind überzeugt, daß Guo Songtao ein guter Mann ist. Er hat seit dem Beginn seiner Mission viel erreicht, aber er hat auch mehr als genug Beleidigungen und Kritik einstecken müssen.« – »Guo Songtao ist darüber bekümmert, daß China nicht sofort erstarken könne, und er diskutiert andauernd darüber. Deswegen wird er dermaßen kritisiert. Doch ist er in Wirklichkeit ein loyaler Diener. Glücklicherweise wissen Euer Majestät es: Er hat seine gesellschaftliche Reputation nicht umsonst verloren.« – »Direktive: Wir verstehen ihn, die Prinzen und die Minister ebenfalls.«[17]

Zweifelsohne stellte Guo Songtao nicht nur das Feindbild schlechthin für die Cliquen der fremdenfeindlichen Kräfte dar, sondern war auch Opfer der zweideutigen Haltung des Hofes in außenpolitischen Fragen. Bei seiner Rückkehr aus Europa trat er gar nicht erst in Peking an, sondern begab sich unmittelbar nach Hunan, da er um seine persönliche Sicherheit fürchtete. Seine Angst war durchaus nicht unbegründet: Erst als der derzeitige Premierminister Li Hongzhang und Zeng Jize zu seinen Gunsten bei der Kaiserin Cixi vorstellig wurden, rückte der Kaiserhof von seiner ursprünglichen Idee ab, Guo unmittelbar nach seiner Ankunft unter Anklage zu stellen. Der Hof befahl jedoch, die Druckplatten seines Berichts »Shixi jicheng« (»Europäischer Reisebericht«) zu vernichten. In seiner Heimatprovinz wurde er nicht besser empfangen. Gelehrte hatten seinem Bruder geschrieben, der solle verhindern, daß Guo den Yangtsi auf einem europäischen Schiff herunterfahre. In Changsha, der Präfektur Hunans, erschien kein einziger Offizier zu seiner Begrüßung. In den Straßen und Gassen waren verleumderische Sprüche angebracht, in denen behauptet wurde, Guo stecke – strafbarerweise – mit den europäischen »Barbaren« unter einer Decke. Der erste chinesische Botschafter blieb aus dem Milieu der Gelehrten und Beamten ausgeschlossen und beendete sein Leben vereinsamt, von seinen Landsleuten unverstanden und gedemütigt.

Zeng Jize hatte mehr Glück als sein Vorgänger Guo Songtao. Zwar mißfielen Li Honzhang viele seiner diplomatischen Initiativen. Doch nach seiner Rückkehr nach Peking hatte Zeng Jize anders als Guo nichts mehr zu befürchten. Vielmehr arbeitete er sukzessive im Außen-, Kriegs-, Finanz- und Marineministerium. 1899 leitete er die Hochschule für Fremdsprachen. Allerdings hütete er sich mit Bedacht, den Status eines (ehemaligen) Diplomaten herauszukehren. Dadurch entging er dem Druck der Konservativen. Seine europäischen Kollegen in Peking waren hingegen einigermaßen enttäuscht. Sie hatten von ihm spürbare Fortschritte in den Beziehungen Chinas mit dem Westen erwartet:

»Es ist wirklich bemerkenswert und ein schlagendes Beispiel für das Überlegenheitsgefühl der Chinesen allen Ausländern gegenüber, daß der Fürst Zeng zwar in Europa seinen sozialen Umgang frei kultivierte, jetzt aber [zurück in China] gezwungen ist, die meisten seiner Beziehungen aufzugeben. In der Tat will er sich in gar keiner Weise der feindseligen Kritik seiner Landsleute deswegen aussetzen, daß er auf gleicher Ebene mit westlichen Besuchern Umgang pflegen könnte. Die bleiben verachtenswert, aber gleichzeitig um so furchterregender.«[18]

Guo Songtao hatte 1875 nach einem Argument gesucht, um die gesellschaftliche Position des Diplomaten abzusichern. Dabei ging er zurück bis zur Han-Dynastie (206 v. u. Z.–222 n. u. Z.): »Ich stelle fest, daß zur Zeit der Han ein chinesischer Botschafter im Ausland ebenso geachtet war wie ein Militäroffizier. Diese Tradition hat sich in Europa erhalten.«[19] 17 Jahre später publizierte Xue Fucheng einen Artikel »Das diplomatische Talent gleicht dem der Generäle und Minister«, um die Funktion der Diplomaten ins rechte Licht zu setzen. Zunächst stellt er eine Beziehung zu den chinesischen diplomatischen Erfolgen im Altertum her. Dann insistiert er darauf, daß die Botschafter der Westmächte im 19. Jahrhundert ebenso mutig wie ein General und ebenso intelligent wie ein Minister sein müssen. Sie nehmen folglich Ministerrang ein.[20] Guo Songtao und Xue Fucheng versuchten auf diese Weise, ihre Landsleute und sich selbst von der Notwendigkeit außenpolitischer Missionen zu überzeugen und zugleich die gesellschaftliche Stellung eines Diplomaten zu legitimieren.

Zhang Deyi ist auf seinen Beruf niemals stolz gewesen. Statt die kaiserliche Beamtenprüfung abzulegen und dann in die Klasse der Funktionäre einzutreten, war er wegen finanzieller Probleme seiner Familie gezwungen, sich an der Hochschule für Fremdsprachen einzuschreiben. Sie kam für den Unterhalt ihrer Studenten auf. Gleichzeitig engagierte er sich in einer außenpolitischen Laufbahn. Er war der erste chinesische Karrierediplomat, und er nahm bereits an den frühen außenpolitischen Aktivitäten seines Landes teil: 1866 war er zusammen mit zwei Kommilitonen seiner Hochschule als Dolmetscher an der ersten Mission nach Europa beteiligt; 1868 war er Mitglied der ersten offiziellen diplomatischen Delegation nach Europa und Amerika; 1871 nahm er an der ersten Mission nach Frankreich teil, die dort in Verhandlungen eintreten und Entschuldigungen Chinas vorbringen mußte. Nach seiner Arbeit als Übersetzer wurde er der ersten chinesischen Botschaft in London zugeordnet. 1896 wurde er dort Botschaftsrat, zwischen 1901 und 1906 schließlich Botschafter, der auch für Italien und Belgien zuständig war. Außerdem hatte er 1890 den offiziellen Auftrag bekommen, dem Kaiser Guangxu Englisch vorzulesen. Der erließ ihm dabei als Zeichen seiner Gnade die Pflicht, sich vor ihm niederzuwerfen.

Doch zeit seines Lebens bedauerte Zhang Deyi, daß er keinen Zugang zum Milieu der chinesischen Gelehrten gefunden hatte, auch wenn er schließlich den Gipfel einer diplomatischen Karriere erreichte. Er weigerte sich, auf Fragen nach Fremdsprachen zu antworten, und gab damit zu verstehen, daß er in deren Erlernen keine Priorität sah. Auch seine Enkel belehrte er entsprechend. »In unserem Land wird das Verfassen der ›Texte in acht Abschnitten‹ (für die kaiserliche Beamtenprüfung) als die richtige Lebensorientierung angesehen. [...] Ich hingegen bin unwissend, inkompetent und habe nicht den richtigen Weg eingeschlagen. Ich schäme mich neben Männern mit guter Erziehung, und umgekehrt tun sie es auch. Jeder Mann, sei er intelligent oder nicht, muß das Studium der Klassiker als wichtigste Angelegenheit ansehen.«[21]

Möglicherweise wollte Zhang dieses Manko mit seinen vielen Schriften über Europa kompensieren. Nicht wegen seiner diplomatischen Leistungen, sondern wegen seiner europäischen Tagebücher, den »Shuqi« (»Wunderbare Geschichten«), nimmt er in der zeitgenössischen chinesischen Geschichte einen besonderen Platz ein. Nach jedem seiner Auslandsaufenthalte sollten seine Landsleute an der Entdeckung des Westens teilhaben. Von acht Berichten wurden vier veröffentlicht.

In dem Maße, wie sich die chinesischen Botschaften im Ausland sukzessive installierten, wurde die Diplomatie auch in China professionalisiert. Der neue Beruf verlangte spezifische Kenntnisse, Erfahrungen und persönliche Qualitäten. Die chinesischen Schmähschriften gegen die eigenen Diplomaten wurden seltener. Deren Verurteilung durch die traditionell orientierten Beamten hörte zwar nicht auf, aber das konservative Argumentationsmuster eines chinesischen kulturellen Universalismus wurde von den Ereignissen überholt und erwies sich zunehmend als sinnlos.

Die Reiseberichte: Inhalt und Stil

Das Bild, das die Berichte der Diplomaten entwerfen, ist nicht nur von deren sozialen Herkunft und kultureller Identität geprägt, sondern auch von der Art der Darstellung. Die Frage, wie die Diplomaten verschiedene Aspekte der europäischen Zivilisation interpretieren, schließt die Frage nach der literarischen und stilistischen Form ein, in der sie ihre Beobachtungen festhalten. Die Darstellungsweise und der literarische Stil stehen wiederum für bestimmte intellektuelle Ausrichtungen am Ende der Qing-Dynastie. Wie setzt sich hier ein Quellenkorpus zusammen, wie ist es strukturiert, wie ist es geschrieben?

Die Dokumente der Diplomaten sind Teil der ersten chinesischen Reiseberichte aus und über Europa, und sie haben die Form von Tagebüchern und Erzählungen, unmittelbar niedergeschrieben und in einem klassischen Chinesisch verfaßt. In beiden Formen prägt der traditionelle Stil einer chinesischen Reisebeschreibung den Text: Klima, Geographie, Topologie des bereisten Landes, seine Institutionen und Gebräuche werden in einem unpersönlichen und neutralen Ton beschrieben, der den Autor in den Hintergrund treten lassen soll. Bei diesem unpersönlichen Stil handelt es sich um eine klassische Form für Tagebücher und Reiseberichte, doch durch den offiziellen Auftragscharakter kommt ein spezifisches literarisches Moment hinzu. Die Texte legen jeden intimen autobiographischen Charakter ab. Das gilt auch und gerade für die Tagebücher. Diese Eigenart der Texte erklärt sich aus ihrer Funktion: Sie sollen ausschließlich den Kaiserhof der Qing informieren und tragen dadurch offiziellen und zumindest halböffentlichen Charakter. Persönliche Eindrücke, Gefühle, Kommentare fehlen in dieser Art von Tagebuch zwangsläufig. Die Gesandten bemühen sich um eine objektivierende, geradezu wissenschaftliche, die fremde Kultur beschreibende und analysierende Methode. Sie sind tatsächlich chinesische Anthropologen der europäischen Gesellschaft. Anders als in der europäischen Literatur vom Stil der »Lettres persanes« seit Montesquieu ist hier der fremde Blick echt und produziert eine ernsthafte chinesische Forschungsbibliothek.

Die Tagebücher sind chronologisch angeordnet. Angeführt werden immer das politische Ziel der Mission, die einzelnen Delegationsmitglieder, der Reiseweg, die beobachteten Szenen. Ein oder zwei Freunde versehen die Publikation mit einem knappen Vorwort, in dem sie die Originalität des Textes herausstreichen. Der Autor selbst verweist kurz auf den wesentlichen Charakter der Arbeit, seine Zielsetzung, seinen literarischen Stil, der dem Gegenstand angepaßt wurde, auf klimatische, zeitliche, geographische Orientierungen. Einige chinesische Diplomaten hingegen ziehen die Form eines Reiseberichts vor, der weder eine chronologische Anordnung noch eine dem Reiseweg folgende erfordert.

Die Gesandten bewegen sich nicht alle auf demselben kulturellen Niveau, und sie verfügen auch nicht über dieselbe Sensibilität. Jeder folgt seinen eigenen Interessen. Diese sind trotz des unpersönlichen Stils durchaus erkennbar. Doch die objektivierende, sich traditionell gebende Darstellungsweise und ihr Stil wirken oft monoton. Durchgängig scheint das Wissen um den Empfänger der Botschaft klar auf. Manchmal bemühen sich einige Autoren, ihren Texten eine individuelle Note zu geben, um dann wieder in die Neutralität zurückzufallen. Dieser Ton bleibt charakteristisch. Guo Songtao ist eine Ausnahme. Er drückt eigene Überlegungen aus. Ansonsten ist es zumeist unmöglich, die Einstellung des Berichterstatters zu einer Szene, einem Erlebnis, einer Beobachtung auszumachen. Manchmal ist er dermaßen zurückhaltend, daß man nicht weiß, ob er Augenzeuge ist oder sich auf andere Quellen bezieht. Dann wieder werden unvermittelt Gedichte und Zitate eingestreut, wenn etwa eine Landschaft oder der Besuch eines historischen Ortes den Autor besonders berühren. Ein solches Gedicht kann aber auch die Erinnerung an einen Verwandten oder Freund heraufbeschwören. In den chinesischen Reiseberichten gibt es kein »Ich«, außer in bezug auf andere.[22]

Die Autoren bemühen sich durchgängig, in ihren Texten alles, was für ihre chinesischen Zeitgenossen an Europa neu und unbekannt ist, möglichst vollständig und ohne Kommentare darzustellen. Das umspannt die Bereiche vom europäischen Alltagsleben bis zu den politischen Institutionen. Ihre Berichte werden von drei charakteristischen intellektuellen Arbeits- und Darstellungsmethoden geprägt.

Erstens legen die Berichte Rechenschaft von den Unterschieden im »mentalen Werkzeug« zwischen China und Europa ab. Die chinesischen Diplomaten bemerken zunächst, daß ihnen keine adäquaten chinesischen Begriffe zur Verfügung stehen, um zentrale europäische Kategorien und Praktiken auszudrükken. Die Berichterstattung ist also ein hartes Geschäft für die konfuzianisch ausgebildeten Diplomaten: Laufend benutzen sie Worte wie *zhengjiao* (Politik und Religion), *zhengsu* (Politik und Sitten), *de* (Tugend), *dao*. Diese substantiellen chinesischen Begriffe sind komplex und reich an Bedeutung; sie umspannen oft mehrere Bereiche des gesellschaftlichen, intellektuellen und spirituellen Lebens. *Zhengjiao* und *zhengsu* beinhalten komplexe Vorstellungen zugleich politischer und religiöser Art. *Jiaohua* etwa bezeichnet sowohl die religiöse als auch die moralische und die kulturelle Ordnung. *Dao* kann sich auf alle gesellschaftlichen Bereiche und Aktivitäten beziehen. Dieser Begriff besitzt politische, religiöse, moralische und philosophische Konnotationen. »Für das chinesische Denken ist das Dao die einzige durchgängige Wirklichkeit, die als spontane Ordnung über allen Bewegungen und Veränderungen steht.«[23]

Tatsächlich läßt das linguistische Problem eine Eigentümlichkeit des traditionellen chinesischen Denkens erkennen. Es stellt unmittelbare, enge Verbindungen her und unterscheidet nicht strikt zwischen Bereichen unterschiedlicher gesellschaftlicher Funktionen wie Politik, Religion, Moral, Recht oder Philosophie. Montesquieu bemerkte bereits: »Die Gesetzgeber Chinas gingen noch weiter: Sie warfen Religion, Gesetze, Sitten und Gebräuche zusammen; das alles zusammen ergab das Sittengesetz, die Tugend.«[24] Dementsprechend wurde vom chinesischen Altertum bis zur Qing-Dynastie von einem Gelehrten und Beamten erwartet, zugleich Dichter, Philosoph und Historiker zu sein.

Mit dieser intellektuellen und mentalen Ausstattung ausgerüstet, gehen die chinesischen Gesandten an eine fremde, funktional arbeitsteilig organisierte europäische Gesellschaft heran. Sie beobachten und befragen sie zugleich nach allgemeinen Regeln, ohne zwischen Religion, Politik, Recht, Sitten zu unterscheiden. Sie neigen oft dazu, gesellschaftliche Phänomene auf ein einziges Prinzip zu reduzieren und dabei alles nach *li* (Ritus), *li* (Vernunft), *de* (Tugend) zu erklären. Dabei bleiben diese Begriffe, angewandt auf die jeweiligen Gegenstände der europäischen Gesellschaft(en), zu oft ohne erklärende Präzision.

Dann muß der zeitgenössische chinesische Leser der Berichte seinerseits versuchen, diese Informationen in seiner Logik zu arrangieren, um sich ein Bild von Europa machen zu können. Umgekehrt muß der heutige europäische Leser mit den Techniken der neuesten Sozialgeschichte zu dechiffrieren suchen, was im chinesischen Kontext der Zeit solche zuordnenden Begriffe bedeuten, in welchem Funktionszusammenhang der sozialen und politischen Werte sie jeweils stehen. Unsere Autoren selbst behelfen sich oft damit, auf einzelne Beispiele aus der chinesischen Geschichte zurückzugreifen. Manchmal führt das allerdings zu absurden Verirrungen.

Zweitens ist zu berücksichtigen, daß inmitten der administrativen Krise Chinas in der Mitte des 19. Jahrhunderts eine aus der Song-Dynastie datierende Philosophie und Ethikschule aktualisiert wurde, welche »das Wissen auf die gesellschaftliche Praxis anwenden« wollte *(jingshi)*. Diese Schule wollte einerseits die persönliche, familiäre und gesellschaftliche Moral mit Hilfe des Stils der klassischen Prosatexte verbessern. Dabei lehnte sie andererseits eine leere metaphysische Spekulation des Neokonfuzianismus ab und insistierte auf der Bedeutung der gesellschaftlichen Praxis. Daneben etablierte sich im 19. Jahrhundert eine Schule der »Neuen Texte« *(xinwen)*. Ihr zufolge müssen Moral und Gefühl auf praktische Weise ausgerichtet werden, um die Sicherheit von Staat und Gesellschaft zu gewährleisten. Die Vertreter dieser Schule wandten sich von der orthodoxen Interpretation der klassischen Texte ab. Sie stellten den Konfuzianismus demgegenüber als eine Theorie dar, die durchaus reformfähig sei. Beide Schulen beeinflußten die Wahrnehmungsweise, mit der die ersten chinesischen Diplomaten sich in Europa orientierten. Bemerkbar macht sich das vor allem in den Texten von Li Shuchang und Xue Fucheng. Der eine beschreibt minuziös alle Aspekte des europäischen Alltagslebens. Der andere ist geradezu besessen von dem Willen, Chinas Stärke zu vergrößern. Dementsprechend sucht er unermüdlich nach westlichen Methoden und Techniken, die dem Reich der Mitte nützlich sein könnten. Es ist auch kein Zufall, daß sich alle chinesischen Diplomaten für die politischen Systeme in Europa interessieren. Schließlich war gegen Ende der Qing-Dynastie selbst eine grundlegende Verwaltungsreform ins Auge gefaßt worden. Dem sollten die Berichte ebenfalls dienen.

Drittens machte sich schließlich gegen Ende der Qing-Dynastie eine andere intellektuelle Strömung bemerkbar. Sie suchte zu beweisen, daß die europäischen Techniken und das europäische Wissen ihre Ursprünge im antiken China hätten. Die Bewegung machte sich auch bei den »Neuen Reformern« bemerkbar, die sich nach dem zweiten Opiumkrieg um eine Stärkung Chinas bemühten. Diese intellektuelle Richtung orientierte sich an einer Schule, die auf das Ende der Ming- und den Beginn der Qing-Dynastie zurückgeht. Xu Guangqi und andere Gelehrte wollten, daß in China die Naturwissenschaften und der europäische Kalender eingeführt würden, welche die westlichen Missionare mitgebracht hatten.

Doch einerseits fiel ihnen das Eingeständnis schwer, daß nicht alles von Chinesen erfunden worden ist, andererseits mußten sie eine Antwort auf die konservative Kritik finden, die eine »Barbarisierung« der chinesischen Kultur befürchtete. So verfielen sie auf den Nachweis, daß es sich in Wirklichkeit um Kenntnisse handelte, die bereits aus dem alten China stammten. Sie seien verlorengegangen, weil der Kaiser Qin (gest. 210 v. u. Z.) alle Bücher habe verbrennen und die Wissenschaftler töten lassen. Nachforschungen darüber wurden sehr ernst genommen, so daß die Historiker, die sich mit der Ming-Dynastie beschäftigten, den Weg nachzuzeichnen suchten, auf dem das chinesische Wissen nach Europa gelangt sei.[25] Als weiter die Macht des Westens außer Frage stand, suchten einige chinesische Gelehrten ihre Argumente in den noch älteren Systemen der Drei Dynastien, um die Einführung westlicher Kenntnisse zu rechtfertigen, denn die Konfuzianisten priesen die Rückkehr zum Goldenen Zeitalter vor Chinas Vereinigung unter dem Kaiser Qin.

Diese Denkrichtung prägte durchaus die Wahrnehmung

einiger chinesischer Diplomaten. Xue Fucheng und Song Yuren schließen sich beispielsweise den Gelehrten an, die glaubten, die Idee des Parlamentarismus im Werk des Guanzhong (gest. 645 v. u. Z.), das Dogma des Christentums bei Mo Di (chinesischer Philosoph, etwa 479–381 v. u. Z.; seine Lehre konkurrierte bis zum 2. Jahrhundert v. u. Z. noch stark mit der des Konfuzius – Ende des 19. Jahrhunderts wurde sie wiederentdeckt und intensiv analysiert, da man in ihr Ansätze zu einem modernen, dem westlichen ähnlichen Denken sah), die Prinzipien der Mathematik im *Juzhang sanshu* (Mathematik der neun Kapitel)[26] wiedererkennen zu können. Die Interpretationen der europäischen Zivilisation durch Xue oder Song gaben diesen Überlegungen neue Nahrung. Dabei diente ihnen jedoch nie der Konfuzianismus als Vergleich. Denn für sie war der Konfuzianismus universell und allen Denksystemen und Ideen, die nach der bestmöglichen Regierung und nach Perfektionierung strebten, übergeordnet. Dieser klassische Bezug auf das konfuzianische Goldene Zeitalter bestätigt zwar den traditionellen chinesischen Ethnozentrismus. Zugleich stellt er aber eine intellektuelle Strategie dar, mit der Europas Wissenschaften und Techniken sowie seine gesellschaftlichen und politischen Systeme propagiert werden konnten.

Das städtische Leben in Europa

Nach einer langen Seereise gehen die chinesischen Diplomaten endlich in Europa an Land. Zunächst sind sie vom Lebensstil und von der Lebensqualität buchstäblich schockiert. Tatsächlich hat der Industrialisierungsboom die Städte grundlegend verändert und in ihnen eine Konsumgesellschaft ohnegleichen geschaffen. Die Gesandten beobachten mit großem Interesse den Glanz der europäischen Städte. In China unterscheidet sich gemeinhin das urbane Leben kaum vom ländlichen, was Häuser, Transportmittel, Kleidung anbelangt. Es ist kein Wunder, daß die Chinesen sofort von den modernen und dynamischen Metropolen Europas gefangen sind. London und Paris, wo sie sich lange aufhalten werden, beeindrucken sie besonders wegen des Verkehrs, der Bevölkerungsdichte, der großen Boulevards, der imposanten Gebäude, der schönen Parks und der großzügigen Beleuchtungsanlagen.

Eisenbahn und öffentliche Verkehrsmittel

Mit dem Auftauchen der Eisenbahn ändert sich im 19. Jahrhundert die Einstellung zu Raum und Zeit. Die Lokomotive gibt den Europäern einen neuen sozio-ökonomischen Rhythmus vor. Sie haben sich bei der Ankunft der Chinesen kaum selbst an die Neudimensionierung gewöhnt, die der Zug mit sich gebracht hat. Paul Verlaine beschreibt in seinem Gedicht »La bonne chanson« den »grausamen Wirbel« der sich überlagernden Wahrnehmungen aus einem Zugfenster hinaus. Die wohlige Panik ergreift auch die Chinesen, die bereits in Ägypten den Zug bis Alexandria genommen hatten. Das war ihre erste

Eisenbahnerfahrung. »Anfangs bewegt sich der Zug nur schrittweise voran«, schreibt Binchun, »dann schnellt er nach ein paar Halbschritten wie ein durchgehendes Pferd voran. Häuser, Bäume, Hügel, Wege fliegen vorbei, der Blick fängt sie nicht mehr ein.«[27] Der Eindruck einer Raumverkürzung ist bei den Chinesen bestimmend. Binchun komponiert eigens ein Gedicht, in dem er sich auf den Unsterblichen Liezi bezieht, der einer chinesischen Legende zufolge mit dem Wind flog, und beschreibt in einem längeren Abschnitt das Schrumpfen der Entfernungen.[28] Liu Xihong bezeugt ebenfalls das Empfinden einer räumlichen Verkürzung. Ihm zufolge ist der Zug »eine so wunderbare Erfindung, daß man meint, die Erde sei verkleinert«.[29]

Zhang Deyi und Zhigang sind, was die Eisenbahn angeht, weit prosaischer. Ersterer beschreibt detailliert und weitläufig Form und Ausstattung der Waggons, Lokomotive, Tender, Speisewagen, Güter-, Schlaf- und Postwagen, transportierte Waren, Einrichtung der Bahnhöfe, Fahrscheine und Preise, um zu dem Schluß zu kommen, daß »die Eisenbahn langfristig den Interessen des Staates förderlich ist, ohne den Interessen des Handels und der Landwirtschaft zu schaden«.[30] Zhigang beschreibt seinerseits die gesellschaftlichen Veränderungen im Gefolge der Einführung der Eisenbahn. Seine Beobachtungen verraten ein praktisches Gespür. So überlegt er, daß mit Hilfe des Zugs Armeetruppen schneller einsatzbereit seien, um gegen Aufstände vorzugehen. Ebenso könnte umgehend Hilfe in von Naturkatastrophen betroffene Gebiete gesandt werden. Weiterhin werde die Reise von Steuerbeamten und von Händlern erleichtert. Schließlich ermüdeten die Reisenden weniger, und die Gefahr, beraubt zu werden – auf langen Reisen in China nicht selten –, werde erheblich reduziert.[31]

Doch romantische oder vorteilhafte Beschreibungen des neuen Verkehrsmittels ziehen nicht unbedingt auch eine positive Stellungnahme über seine Einführung in China nach sich. Tatsächlich wird diese Frage höchst kontrovers diskutiert. Gesandte wie Liu Xihong oder Zhigang bewundern zwar den Zug, aber sie bezweifeln die Notwendigkeit und den Nutzen des Eisenbahnbaus in China. Liu setzt dem die traditionelle chinesische Lebensweise entgegen und verweist auf Argumente der Ökonomie und der staatlichen Souveränität. Handel und Tourismus seien in China nicht so entwickelt wie in England, daher rentiere sich die Einführung der Züge nicht:

»Der Eisenbahnbau ist derart kostspielig, daß die Fahrpreise sehr hoch sein müßten, um rentabel sein zu können. Demgegenüber sind die chinesischen Sitten unluxuriös. Die meisten Waren sind Dinge des Alltagslebens, die wenig Gewinn bringen. Abgesehen von einigen großen Kaufleuten der Provinzen nähmen die Händler nicht den Zug. Unser weiser Kaiserhof hat unser Volk stabilisiert. Es begnügt sich damit, jeweils in seiner angestammten Region zu bleiben. Die Menschen aller Berufe und Beschäftigungen brechen nicht einfach in andere Regionen auf. Es kommt vor, daß reiche Familien auf Reisen gehen, doch sie fahren nicht weit weg. Sie besichtigen bestenfalls zügig eine Nachbarregion, um ihre Kenntnisse zu erweitern. Sie unternehmen nicht wie die ehrgeizigen Europäer Reisen über Dutzende tausend Kilometer, um sich zu bilden.«[32]

Liu Xihong wagt die Vorhersage, daß sich anfangs die Menschen aus Neugier in dieses ingeniöse Verkehrsmittel drängten, sich dann in Kürze jedoch weit weniger Reisende fänden. Eines Tages würde selbst der Preis der Kohle nicht mehr hereingeholt, von einem Gewinn ganz zu schweigen. Außerdem mißtraut Liu den Engländern. Hinter deren Versuchen, die Qing-Regierung zum Eisenbahnbau nach einem englischen Streckenplan zu überreden, wittert er die weitergehende Absicht Englands, seinen Einfluß bis ins Innere Chinas auszudehnen. Aber er sieht auch für die Europäer nicht wirklich ein Interesse. »Der Eisenbahnbau bringt weder China noch England einen Vorteil. Denn um die Strecken anzulegen, muß man notwendigerweise die Gräber zerstören. Das wiederum zöge den Fremdenhaß der chinesischen Menge gegen die Engländer und ihren Handel nach sich.«[33] Liu bekräftigt seine Haltung, man müsse darauf bestehen, daß es sich hier um eine innere Angelegenheit Chinas handele, in welche sich die anderen Länder nicht einzumischen hätten.[34]

Aber wäre die Einführung der Eisenbahn nicht letztlich doch für die wirtschaftliche Entwicklung Chinas von Nutzen? Liu Xihong geht auf diese Frage nicht ein. Für ihn bleibt der Zug nur ein neues Transportmittel von untergeordneter Bedeutung, das von der chinesischen Regierung nicht allzu ernst genommen werden sollte.

»Unsere Kaiser und die Premierminister jeder Dynastie sind nicht minder intelligent als die Europäer. Doch keiner von ihnen zerbricht sich darüber den Kopf, wie man den Himmel öffnen oder in der Erde graben könne, um sich gegen alle Natur zu bereichern. Mit klarem Blick haben sich auch unsere Vorfahren mit der Zukunftsplanung beschäftigt, aber nicht wie die Engländer, die auf Teufel komm raus immer mehr Gewinn einfahren wollen.«[35]

Demnach erscheint die Eisenbahn den europäischen Ländern angemessen, die nur an dem wirtschaftlichen Gewinn orientiert sind, aber unvereinbar mit der politischen Stabilität und der autarken Ökonomie Chinas. Das Land versorgt sich der Gewohnheit nach selbst und mobilisiert nicht unnötig seine Bevölkerung. Die würde kaum aus Gewinnsucht dermaßen viel Geld in die Bauarbeiten investieren. Ebenso wie die chinesische Politik der Stabilität für Europa unangemessen sei, passe die Eisenbahn nicht zu China. Man könne nicht beiden Kulturen dasselbe Dao aufzwingen, erklärt Liu.[36] Die Eisenbahn läßt sich in Lius Augen nicht mit dem Lebensstil der Chinesen und der Regierungspolitik der Kaiser vereinbaren, denn die Wirtschaft sollte in einem weisen Reich an letzter Stelle der Regierungsgeschäfte stehen.

Zhigang zufolge müßte ein Eisenbahnbau den Ahnenkult der Chinesen in Frage stellen. Denn das große Problem eines solchen Unternehmens wäre die Suche nach geeignetem Gelände. Es müßten nicht nur Häuser und Städte umgebaut, sondern auch die Gräber zerstört oder verlegt werden. Anders als in Europa, wo Beerdigungen nur auf Friedhöfen gestattet sind, kann sich in China jede Familie selbst ihre Grabstätte auswählen. Neue Gräber ließen sich noch verlegen, doch solche, die einige Jahrzehnte oder gar Jahrhunderte alt seien, seien unberührbar. Ein Eisenbahnbau gefährde folglich die religiöse Verehrung der Ahnen und damit eine grundlegende Tugend der Chinesen.

»Wie die Kirche die Europäer an ihren Meister im Himmel ermahnt, so erwecken die Gräber in noch weit stärkerem Maße bei den Chinesen Erinnerungen an ihre Vorfahren. Wenn es in Europa möglich ist, daß eine Kirche der Eisenbahn weicht, so ist es undenkbar, für diesen Zweck in China eine Grabstätte zu zerstören. Die Verehrung der Ahnen ist in der Natur der Chinesen verwurzelt. Würde jene durch einen Machtmißbrauch des Hofes aus Gewinnsucht aufgehoben, zerstörte man die Würde der Chinesen. Ihre Natur änderte sich nicht.«[37]

Unterderhand wandelt sich bei Liu Xihong und Zhigang der Eisenbahnbau von einer technischen oder ökonomischen Frage zu einem Problem der Moral, der Ethik und der Religion.

Zugleich spiegelt sich in ihren Stellungnahmen und Argumentationsmustern auch die Antipathie der chinesischen Bevölkerung gegenüber der Einführung der Eisenbahn. Noch 1870, als Europa schon mit einem umfassenden Streckennetz überzogen ist, wehren sich die chinesische Bevölkerung und die Regierung der Qing mit Zähnen und Klauen gegen die englische Initiative, im Reich ebenfalls Zuglinien zu bauen. Man befürchtet im Volk eine Störung des seit Jahrtausenden währenden Lebensrhythmus und der geomantischen Ordnung durch die Eisenbahn. (Die volkstümliche chinesische Geomantik *fengshui* berechnet kosmisch-astrologische *yinyang*-Ströme im geographisch-topologischen Bereich und macht Angaben über schicksalhafte günstige und ungünstige Positionen und Ausrichtungen von Häusern und Gräbern.) Die Regierung ihrerseits beunruhigt, daß der Einflußbereich der Engländer innerhalb Chinas sich noch weiter und beschleunigt ausdehnen könne. 1877 genehmigt der Qing-Hof sogar die Zerstörung der Linie von Wusong, der ersten Eisenbahnverbindung in China, die von den Engländern angelegt wurde.

Nur Guo Songtao stellt inmitten der einhelligen Ablehnung eine bemerkenswerte Ausnahme dar. Er unterstützt den Plan, in

China die Eisenbahn einzuführen, nachdrücklich und stellt sich damit gegen die Antimodernisierungspolitik der chinesischen Gebildeten. In England trifft er mehrfach mit Sir MacDonald Stephenson zusammen und billigt dessen Vorschläge zur Finanzierung des Projekts. Gleichzeitig stimmt er dem Plan zu, chinesische Studenten in Europa die Techniken der Eisenbahnkonstruktion erlernen zu lassen. Er ist entsetzt über die Nachricht von der Zerstörung der Wusong-Linie. Der »Evening Standard« hatte Shen Baochen (1820–1879) als Verantwortlichen genannt und diesen Akt als Vandalismus bezeichnet. Guo ist beschämt. In seinen Augen hat Shen Baochen für China eine Chance vertan, indem er den konservativen Kräften nachgab. Später erfährt Guo noch, daß Shen auch Elektrizitätsleitungen habe zerstören und englische Eisenbahnbauer in Hunan schlagen lassen. »China ist ein so ausgedehntes Land, verfügt aber über keine adäquaten Kommunikationstechniken«,[38] stellt er aufgebracht fest. In seinen Texten vergleicht er die Funktionen von Eisenbahn und Strom für ein Land mit denen der Adern im menschlichen Körper. Seiner Meinung nach sind es diese beiden Techniken, die für den Erfolg und die Stärke Europas verantwortlich sind.

Liu Xihong ist sich der Vorteile des Zuges durchaus bewußt. Dennoch verteidigt er die Position der Qing-Regierung in dieser Frage. Ihn beunruhigt die englische Expansion in China. Zhigang bestätigt das Interesse der einfachen Chinesen für die Geomantik und deren daraus abgeleitete Ängste. Für beide Autoren liegt in der Stabilität und der Bewahrung der traditionellen Tugenden Chinas seine Schicksalsbestimmung. Die Eisenbahn hingegen müsse unvermeidlich den gesellschaftlichen Lebensstil und das Wirtschaftssystem verändern. Die damit ebenso zwangsläufig verbundenen sozialen Unruhen könnten sich für das Reich nur abträglich erweisen. Lediglich Guo Songtao veranschlagt ausnahmsweise den wirtschaftlichen Nutzen für das Land höher. Die übrigen Diplomaten sind in die chinesischen Polemiken über die Einführung der Eisenbahn verwikkelt, und dabei geht es mehr um politische, ethische, moralische Fragen als um volkswirtschaftliche Überlegungen.

Etwas anders sieht es bei der Beurteilung der europäischen städtischen Verkehrsmittel aus. Hier steht weniger die Technik im Vordergrund. Interessanter erscheint das System, nach dem das öffentliche Verkehrswesen organisiert ist. Derartiges ist in China nie konzipiert worden. Auch für Europa ist es neu, wie das Phänomen der Großstädte selbst. Die Chinesen entdecken die Annehmlichkeiten moderner Techniken wie der von den Londonern vielbenutzten U-Bahn. Zhang Deyi bemerkt, daß sie nicht bloß ein weiteres Mittel des öffentlichen Nahverkehrs darstellt, sondern darüber hinaus der Logik einer rasanten urbanen Entwicklung der Metropole entspricht. Er berichtet:

»Die verfügbare Oberfläche der Stadt ist begrenzt. Gleichzeitig ist aber die Bevölkerungsdichte sehr groß. Ein Zug würde in diesem Fall also nicht den Anforderungen genügen. Deswegen baut man unterirdische Eisenbahnen, die alle Straßen miteinander verbinden. Der Benutzer geht in den Keller und besteigt einen Zug. Der fährt durch einen Tunnel, der beidseitig beleuchtet ist. Nach zwei oder drei Minuten steigt man wieder aus dem Zug und kehrt zur Oberfläche zurück. [...] Dort warten Kutschen, mit denen man den Rest des Weges zurücklegen kann.«[39]

Li Shuchang lernt bei einer kurzen Reise nach Nantes auch die Trambahn kennen: »Sie wird nicht von Pferden gezogen, sondern die Wagen werden von Dampfkraft angetrieben und fahren mit derselben Schnelligkeit wie die Eisenbahn. Ich kenne bislang keine andere Stadt, in der dieses Verkehrsmittel eingesetzt wird.«[40]

Tatsächlich beeindruckt die effiziente Organisation des städtischen Nahverkehrs die Chinesen weit mehr als die neuen technischen Erfindungen selbst. Zhang Deyi etwa kennt die ganze Variationsbreite chinesischer Verkehrsmittel – Sänften, Pferde- und Mauleselkutschen, von Rindern gezogene Wagen, Rikschas.

Von den in Europa eingesetzten Transportmitteln zeigt er sich nicht besonders beeindruckt. Was ihn hingegen ausgesprochen erstaunt, sind die neuen Transportgesellschaften, die den Nahverkehr organisieren, und die Vielfalt der bedienten Linien, Haltestellen und Endstationen. Er notiert Einzelheiten der Organisation zweier Pferdewagensysteme Londons, die Hackney Cabs und die Omnibusse. Erstere sind mit Taxis vergleichbar, sie werden von den Kunden einzeln angefordert und verfügen über festgelegte Preise.[41] Die Omnibusse verfügen über zwei Klassen, fahren auf sechs Linien, und je nach Richtung werden verschiedene Farben angezeigt – Rot, Gelb, Blau, Grün.[42] In Paris werden Gesellschaft und Wagennummer auf die Omnibusse geschrieben. Nach Einbruch der Dunkelheit geben ebenfalls farbige Signallampen die Fahrtrichtung an (Blau → Norden, Rot → Süden, Gelb → Westen, Grün → Osten).[43] Um das Erstaunen Zhang Deyis über diese Organisation des städtischen Verkehrswesens nachzuvollziehen, genügt es, sich die damit korrespondierenden Klagen der Europäer über das Fehlen jeglicher regulären – oder gar pünktlichen – Nahverkehrsmittel in chinesischen Großstädten anzuhören.[44]

Großstadtleben

Überhaupt fesselt die europäische neuzeitliche Urbanität die chinesischen Gesandten. Marseille, seinerzeit einer der größten Häfen, ist die erste von ihnen betretene Stadt. Binchun ist sofort vom öffentlichen Leben auf den Straßen beeindruckt. Häuser mit sechs oder sieben Stockwerken scheinen sich für ihn in den Wolken zu verlieren. Die abendliche Gasbeleuchtung, die er mit aufgehenden Sternen vergleicht, scheint ihm heller als das Feuerwerk zum chinesischen Neujahrsfest.[45] In Hamburg ergötzt er sich am Anblick der von Häusern umrahmten Brükken, die einen Fluß überspannen, auf dem buntbemalte Schiffe dümpeln. Die Szene erinnert ihn an die Landschaft des Westsees im chinesischen Hangzhou. Er vergißt nicht zu berichten, daß Hamburg eine starke Position im europäischen Handel einnimmt und dabei die Funktion eines Vermittlers zwischen den großen Reichen innehat.[46]

Auch hier genügt ein Vergleich mit der zeitgenössischen Beschreibung eines Europäers in China, um die Begeisterung der Chinesen zu verstehen. Sieht man in Peking von der großen Nord-Süd-Achse und von den zwei geraden Ost-West-Straßen ab, verliert sich die Stadt »in einem undurchschaubaren Gewimmel gewundener und unsauberer Gassen, die von baufälligen, mit rötlichen Ziegeln bedeckten Gemäuern eingerahmt werden. Hier und dort findet sich dazwischen Gelände, auf dem Gemüse für die Stadtbevölkerung angebaut wird [...].« Die kaiserlichen Gebäudeanlagen, die Tempel, Paläste und Wohnhäuser von Würdenträgern münden alle in diese Gassen. Doch »absolut nichts unterscheidet in irgendeiner Weise die Häuser am Rande noch der größten Straßen. Sie machen oft einen ausgesprochen elenden Eindruck. Sie sind ebenerdig gebaut und besitzen kein Stockwerk, mit Ausnahme der wenigen Häuser, deren Erdgeschoß als Lager dient.«[47]

Es ist verständlich, daß die chinesischen Diplomaten von einem solchen Kontrast zwischen den materiellen Bedingungen des urbanen Lebens außerordentlich beeindruckt sind. Die Breite der Avenuen, die Höhe der Gebäude stehen bereits in krassem Gegensatz zum städtischen Erscheinungsbild in China mit seinen krummen Gassen und mittelmäßigen Häusern. Liu Xihong seufzt auf, niemals habe er eine Stadt wie London gesehen, mit derart imposanten Gebäuden, gut ausgestatteten Warenhäusern und Geschäften, breiten Straßen, auf denen sechs oder sieben Wagen gleichzeitig in einer Front fahren können.

Paris übt einen besonderen Charme aus. Unsere Reisenden kommen aus dem Schwärmen nicht heraus. Die Dimensionierung der Boulevards und ihre Sauberkeit fallen ihnen ins Auge. Li Shuchang begeistert sich: »Von allen Städten Europas ist Paris die reinlichste! Die Avenue des Champs-Elysées und der Boulevard des Italiens sind die schönsten Pariser Straßen.« Vor allem ist er vom Stern der 12 Verkehrsarterien bezaubert, die vom Triumphbogen ausgehen, gesäumt von Grünflächen, Cafés, Gemäldegalerien. Die Regelung, Fußgänger- und Wagenverkehr zu trennen, findet seine besondere Aufmerksamkeit. In Peking oder Shanghai etwa herrscht ebenfalls ein rühriges Straßenleben, aber selbst gerade Straßen sind mit höchstens drei Meter Breite eng, dazu schlecht unterhalten, verwandeln sich bei Regen in schlammige Kloaken,[48] und Verkehrsregeln sind unbekannt.[49] Karren aller Art, Sänften, Pferde, Maulesel versuchen einander auszuweichen, Fußgängermengen bewegen sich kreuz und quer, fliegende Händler, ambulante Handwerker, Inhaber tragbarer Imbißküchen bieten unter lautem, einander überbietendem Geschrei Waren und Dienste an – kurzum, in westlichen Reiseberichten über China entsteht der Eindruck einer unüberbietbaren Konfusion.[50] Zhang Deyi vermißt in London anfangs die ihm gewohnten Kolporteure. Er sieht keine Männer, die müßig mit ihren Vogelkäfigen herumschlendern. Kleine Handwerksbetriebe findet er in den großstädtischen Straßen nicht.[51] Von den europäischen Straßen geht für den Chinesen eine Ruhe aus, die kein geschäftiger Lärm stört. Dennoch erkennt er auch vertraute Szenen wieder. In den neuen Vororten im Südosten Londons, wo die Wohnhäuser wie Bienenwaben angelegt sind, vernimmt er die Rufe der Zeitungs-, Brot- und Gemüseverkäufer, die ihn an Peking erinnern.[52]

Während die europäischen Reisenden in China ausnahmslos von den Menschenmengen beeindruckt sind, schenken die Chinesen in Europa durchgängig den Anordnungen der Straßen und Häuser, den Schienennetzen, Gärten, Parks, Trinkhallen, Theatern, Alleen, Gaslaternen – deren Form detailliert beschrieben wird –, Brunnen und Müllwagen besondere Aufmerksamkeit, so auch jenen »runden Häuschen zur Verfügung der Passanten, die urinieren müssen«; dazu schuhputzende Jungen, Zeitungen verkaufende alte Frauen und Kinder und uniformierte Polizisten – die Pariser in Blau, mit schweren Schnauzbärten, Säbel und einem Hut »in der Form eines chinesischen Raviolis« –, die über die Straßensicherheit wachen und den Verkehr regeln.[53]

Für die Diplomaten ist die Analyse des städtischen Arrangements ein Zugang zum Verständnis der europäischen Zivilisation. Guo Songtao etwa bemerkt, daß die Bewohner von London oder Paris sich nicht über die Steuern beschweren, weil ein Teil davon in Bau, Unterhalt und Sicherung der Straßen investiert werde. Mehr noch, ihm scheint die Errichtung eines Fernstraßennetzes grundlegend für den Fortschritt der westlichen Länder zu sein. Dabei handele es sich um eine ausgezeichnete europäische Tradition, die in China fehle. Guo geht bis ins antike Rom zurück, um die Bedeutung des Straßenbaus zu demonstrieren:

»Durch die Eröffnung von Straßen annektierte Rom andere Länder. Alle Rom gehörenden Länder mußten nach seinem Standard Straßen bauen. Die breiten und gut unterhaltenen Straßen der westlichen Länder sind eine Fortführung des römischen Wegenetzes über mehr als tausend Jahre hinweg. Heute nimmt man fast unmögliche Projekte in Angriff, damit Eisenbahnen Gebirge und Schluchten durch- und überqueren. Stadt- und Dorfwege werden jährlich aufwendig repariert. Gesellschaften aller Art überprüfen regelmäßig die Straßen auf Mängel, um damit das Leben der Bevölkerung zu erleichtern.«[54]

Guo Songtao bemerkt, daß selbst unter den Zhou, der für die konfuzianischen Gelehrten geradezu idealen chinesischen Kaiserdynastie, in den Verfassungsberichten der Straßenbau nie erwähnt worden sei. Damit gibt er zu verstehen, daß er dies für einen Mangel der chinesischen Zivilisation hält. Natürlich idealisiert er die römische Verkehrskonzeption. Die diente, wie er durchaus weiß, in erster Linie militärischen Truppenbewegungen und nicht der allgemeinen Lebensqualität.

Wenn Europäer im 19. Jahrhundert durch China reisten, fühlten sie sich von den Festungsbauten Pekings überwältigt. »Ihr Anblick allein genügt, um sich alle Ideen aus dem Kopf zu schlagen, die man heute von Verteidigung hat. Man muß um Jahrhunderte in die europäische Geschichte zurückgreifen, um Vergleichbares zu finden.«[55] Liu Xihong ist umgekehrt davon betroffen, daß London nicht von Stadtmauern umgeben ist. Er bringt in Erfahrung, daß die Festungsanlagen der Hauptstadt aus gutem Grund geschleift wurden. Es schien schwierig zu sein, sich im Kriegsfalle durch Einschließen zu verteidigen. Verteidigungsanlagen wurden vielmehr an die Küsten der Insel verlegt.[56] Liu wird später feststellen, daß auch die anderen europäischen Großstädte ihre historischen Verteidigungsringe aufgegeben haben.

Schon kurz nach seiner Ankunft in London analysiert Liu die besondere Struktur der Stadtviertel: dreistöckige, von Eisengittern umgebene Wohnhäuser, Kaufhäuser mit zur Straße hin geöffneten Vitrinen, Kirchen, Banken, Hotels, Postämter, Krankenhäuser, Garten- und Parkanlagen als regelmäßig wiederkehrende Grundelemente jedes Stadtteils.[57] In China gab es nichts Vergleichbares. Kirchen als Monumente des Christentums waren in chinesischen Städten natürlich nicht zu finden, doch auch öffentliche Bauten wie Postgebäude und Krankenhäuser gehörten noch nicht zum Stadtbild. Liu beschreibt sie als funktionelle Bestandteile des europäischen Urbanismus.

Parks und Grünanlagen

Auch die städtischen öffentlichen Grünanlagen sind für die Chinesen eine neue Erscheinung. In ihrer Heimat sind die Parks der kaiserlichen Paläste, die Gärten der aristokratischen Villen oder die viereckigen Höfe vor den Wohnhäusern für den kaiserlichen oder privaten Gebrauch bestimmt. Für das städtische Publikum bestimmte Parks gibt es in den städtebaulichen Konzeptionen der Chinesen nicht. Daher finden solche Anlagen bei den chinesischen Gesandten große Aufmerksamkeit. Li Shuchang durchstreift in London den Hydepark, Regent's Park, Victoriapark, Batterseapark; in Paris sucht er den Bois de Boulogne, den Parc Monceau, die Buttes Chaumont, den Bois de Vincennes auf, in Berlin ergeht er sich im Tiergarten und auf der Jungfernheide, in Wien im Augarten und im Tiergarten, in Madrid im Paseo del Retiro, in Rom im Pincio ... Er schreibt dazu: »In den europäischen Großstädten oder in deren Vororten findet man regelmäßig zwei bis vier große öffentliche Parks, in denen die Bewohner sich ausruhen und erfrischen können.«[58]

Von den Anpflanzungen selbst sind die Chinesen nur wenig beeindruckt. Zhang Deyi bemerkt, daß Regent's, Hyde- und St.-James-Park keine besonderen Unterschiede aufweisen: die gleichen Bäume, die gleichen Wasserbecken und Fontänen, die gleichen Alleen für Wagen, Reiter und Fußgänger, die gleichen Sitzbänke an den Wegen. Interessanter finden die chinesischen Beobachter die Funktion, die diesen öffentlichen Anlagen zukommt. In den Städten des Reichs der Mitte spielt sich das öffentliche Leben ausschließlich auf der Straße ab, von den kommerziellen Aktivitäten der Händler und Handwerker bis zu den Zerstreuungen durch Scharlatane und Schausteller aller Art.[59] Dagegen findet in den Gärten der europäischen Großstädte eine ganz eigene Form der Geselligkeit statt. So vermerkt Li Shuchang etwa mit Interesse, daß sich die Parks in den verschiedenen Ländern Europas zwar wenig voneinander unterscheiden, daß es dem Publikum aber gar nicht auf botanische Varietät, sondern auf besondere Beschäftigungsmöglichkeiten ankomme.

»Alle diese Grünanlagen weisen Baum- und Strauchgruppen sowie Blumenbeete auf. Die Besucher können sich auf einladenden Holz- oder Eisenbänken im Schatten der Bäume niederlassen, an Brunnen ihren Durst löschen, auf Seen im Kanu paddeln, sich im Pferdewagen auf den befestigten Wegen herumfahren lassen.«[60]

Die chinesischen Häuser sind in der Regel nicht mehrstöckig gebaut, und ihre Türen öffnen sich gemeinhin direkt zur Straße. Aristokratische Residenzen befinden sich gewöhnlich in einem größeren Garten. Die Gärten in den Wohnvierteln der europäischen Städte entgehen nicht der Aufmerksamkeit unserer chinesischen Diplomaten. Zhang Deyi berichtet:

»An Straßenkreuzungen finden sich Gärten, die von Eisengittern umzäunt sind und in denen man Bäume und Gärten gepflanzt hat. […] Diese Anlagen werden von reichen Bürgern finanziert, die den Leuten eine Möglichkeit zum Spaziergang geben wollen. Denn in den großen Wohnhäusern hat man wenig Platz und Luft zum Atmen, und man erstickt darin. Gärtner kehren die Anlagen jeden Tag und begießen die Blumen. Die Anwohner verfügen über einen Schlüssel und haben freien Eintritt. Wer sich sonst noch darin ergehen will, muß ein bis zwei Pfund im Jahr zahlen, um sich einen Schlüssel auszuleihen. Das Geld dient dem Unterhalt des Gartens.«[61]

Zhang Deyi zufolge erklärt sich die Existenz von Park- und Gartenanlagen daraus, daß die großen europäischen Wohnhäuser die Menschen von der Natur abschneiden. Zur Kompensation seien am Wochenende alle Geschäfte geschlossen und es werde nicht gearbeitet. Dafür seien dann die Parks bevölkert.[62]

Moderne Errungenschaften

Das Netz der unterirdischen Abwasserkanäle, eine typische sanitäre Einrichtung in den europäischen Städten des 19. Jahrhunderts, ist in Paris eine besondere Attraktion für die chinesischen Reisenden. Für sie ist diese Einrichtung um so beeindruckender, als jegliches Fehlen kommunaler Abwasserentsorgung in chinesischen Städten nachhaltig die Luft verpestet, wie zeitgenössische westliche Reisende entsetzt, doch ohne Übertreibung berichten. »In China sind Fäkalienentleerung und geruchsfreie Senkgruben ebenso unbekannt wie unterirdische Abwasserkanäle«, notiert Graf d'Hrisson, ein junger französischer Übersetzer, der China zur selben Zeit besucht, in der Li Shuchang Europa bereist.[63]

Dieser hat 1879 zusammen mit Zhang Deyi die Gelegenheit, die berühmten Pariser Abwasserkanäle im Wagen und im Boot zu befahren. An der Place du Châtelet steigen sie in das Kanalsystem hinab und tauchen an der Place de la Madeleine wieder auf. Sie sind erstaunt darüber, daß die unter ihnen fließenden Abwässer durchaus keinen ekelerregenden Gestank verströmen. Für Li Shuchang sind schlicht »die Londoner U-Bahn und die Pariser Abwasserkanäle zwei Weltwunder«.[64]

Zhigang wiederum schätzt seinerseits die Frische und die Sauberkeit von Paris besonders, die er der sanitären Infrastruktur zuschreibt. Er berichtet beeindruckt über die tägliche Straßenreinigung mit Hilfe von Gummiwasserschläuchen und Kanalgullies an den Bordsteinen. Im selben Zuge erwähnt er auch die Bewässerungsanlagen der Grünanlagen am Grand Palais.

Die städtische Beleuchtung ist Gegenstand weiterer Beobachtungen und Überlegungen. In Peking mag der Ausländer dem faszinierenden exotischen Charme der in Form und Farbe vielfältigen Laternen erliegen, welche die Bewohner abends an ihren Häusern anbringen.[65] Für Zhang Deyi steht umgekehrt die nächtliche Straßenbeleuchtung der europäischen Großstädte dahinter keineswegs zurück. Über seinen ersten nächtlichen Spaziergang 1867 notiert er: »Die Straßenlichter leuchten so hell, daß Mond und Sterne jeglichen Glanz verlieren und man den Eindruck hat, die ganze Stadt sei angezündet. Man könnte meinen, sie begehe jeden Tag ein Fest, als feiere sie den chinesischen Mond-Neujahrstag jede Nacht: Das alles entlockt einem laufend unwillkürlich Seufzer der Bewunderung!«[66]

Li Shuchang flaniert gerne bei Einbruch der Dunkelheit über die Avenue des Champs-Elysées. Ihre Flammenreihen verwandeln die Straße in eine unwirkliche, märchenhafte Welt:

»Wenn man sich nächtens unter den Bogen des Arc de Triomphe stellt, hat man ein großartiges Schauspiel vor Augen, in welche Richtung man auch blickt. Die zwölf Straßen sind alle erleuchtet. Die Avenue des Champs-Elysées mit ihren zahllosen Wagen, die mit Scheinwerfern fahren, läßt einen an Perlenketten oder an schwimmende Drachen denken. Es ist keineswegs übertrieben, wenn man die Champs-Elysées für die großartigste Straße der Erde hält.«[67]

Während man im China des 19. Jahrhunderts nur Kerzen und Öllampen als Beleuchtung kennt, hatten in Europa die Gaslaternen die Öllampen abgelöst. Binchun unterstreicht, daß es nicht mehr nötig sei, nachts mit Leuchten in der Hand auszugehen.[68] Zhigang zeigt wie immer einen besonderen Sinn für praktische Aspekte. Für ihn ist die Erfindung der allgegenwärtigen Gasbeleuchtung einfach genial. Sie verursache keine Ölflecken, sprühe keine Funken, widerstehe Wind und Wetter. Man müsse keinen Docht abschneiden, auch wenn die Lampe die ganze Nacht brenne. Die Straßen seien derart hell erleuchtet, daß kriminelle Elemente sich nur schlecht verstecken und die Polizisten leicht über die Sicherheit der Bürger wachen könnten. Gaslampen taugten insbesondere für die Beleuchtung von Gefängnissen und Warenlagern.[69]

Zhang Deyi stellt nicht nur den Vorteil der Gaslaternen gegenüber Kerzen und Öllampen fest, sondern er interessiert sich auch für die neue Energiequelle selbst und ihre technische Gewinnung:

»Im Westen verbrennen die Lampen ein Gas, das aus vorstädtischen Fabriken kommt. Dort verglüht man Kohle, fängt die dabei entweichenden flüchtigen Bestandteile auf, führt sie durch Wasserleitungen, bevor man sie verbrennt. Ihr Licht ist doppelt so hell wie das der Öllampen oder Kerzen. Ihre Farbe ist weißer als Rauhreif oder Schnee. Die Geschäfte und Wohnhäuser der ganzen Stadt werden mit dem Gas durch eiserne Röhren versorgt, von unten bis oben und bis zum fernsten Gebäude [...]. Es gibt hier auch ein Öl, das man Petroleum nennt. Es kommt aus Bohrlöchern im Gebirge. Wenn man es anzündet, schlägt die Flamme nach einer gewissen Zeit wie ein artesischer Brunnen empor. Die Flüssigkeit brennt blendend hell und hinterläßt keine Rückstände.«[70]

Wie für die Transportgesellschaften, so interessieren sich die chinesischen Diplomaten auch für den europäischen Postdienst. In China wird die Post noch mit Booten auf Flüssen und Kanälen oder in von Tieren oder Kulis gezogenen Wagen transportiert. Über ein Relaissystem von Boten zu Pferd oder zu Fuß kommuniziert der Hof mit den regionalen und lokalen Verwaltungseinrichtungen. Private Agenturen übermitteln persönliche und geschäftliche Post zwischen den Einwohnern der großen Städte.

Zhang Deyi ist in London für den Schriftverkehr der chinesischen Botschaft zuständig und zieht sofort Erkundigungen über das englische Postwesen ein. Danach existieren 1878 fünf zentrale Postämter im Land und 13 Postbüros in London. Er berichtet auch von den roten Briefkästen, die – wie er meint – stündlich von Briefträgern geleert würden.[71] Guo Songtao interessiert sich besonders für die gute Organisation und die Effizienz der Londoner Post. Ihn beeindruckt, daß es Abteilungen für die Behandlung »kranker Briefe« gibt, deren Umschlag beschädigt ist, für die Bearbeitung »toter Briefe«, die einen Geruch schlechter Fische oder von Kadavern ausströmten, für die Untersuchung »gefährlicher Briefe«, die Puder oder Flüssigkeiten enthielten, schließlich für die Entzifferung undeutlich oder falsch geschriebener Adressen. Guo berichtet auch über besondere Vorschriften, etwa das Verbot, Briefe in Zeitschriften zu versenden oder zu schwere Gegenstände aufzugeben. Postangestellte hätten darauf zu achten, sich bei der Zustellung nicht zu irren, und seien verpflichtet, die Post ohne Verzögerung abzuliefern.[72]

Anders als Zhang Deyi, der sich im Grunde nur für die Postgebühren interessiert, schaut Guo Songtao über den Briefmarkenrand hinaus und betont die Modernität eines nationalen Postsystems.

»Die Existenzberechtigung der englischen Verwaltung besteht darin, dem Volk das Leben zu erleichtern und dabei Steuermehreinnahmen zu erzielen. Die Beamtenstellen werden genau auf die Bedürfnisse des Volkes hin zugeschnitten und eingerichtet. Was dem Land Vorteile bringt, begünstigt auch das Volk, und umgekehrt. Man nehme nur das Beispiel der Briefmarke: Um einen Brief zu versenden, sei es innerhalb derselben Stadt oder Zehntausende von Kilometern entfernt, genügt es, eine Briefmarke aufzukleben. Die Post übermittelt ihn dann an die gewünschte Adresse. Die erzielten Einkünfte erreichen jedes Jahr Tausende Pfund. Das Land gewinnt daran, und das Volk profitiert von den erleichterten Kommunikationsmöglichkeiten.«[73]

Was Guo Songtao tatsächlich in seinem Bericht herausstreichen will, ist in erster Linie der Charakter des Postdienstes als Besteuerungssystem. Genau das meint er mit den Worten »das Leben des Volkes erleichtern und darüber hinaus von seinem Geld profitieren«. Dabei spielt er auf den Zustand des chinesischen Postsystems an. Die örtlichen Beamten leiten selbst die Poststationen und setzen die Tarife fest. Diese Einnahmen fließen nicht an den Staat. Nur nach langem und energischem Bemühen gelingt es Robert Hart, in China ein erstes Postsystem aufzubauen. Erst ab 1878 werden Briefmarken benutzt. Doch wegen des hinhaltenden Widerstandes der Provinzbeamten bestimmter Gebiete zögert die Qing-Regierung bis 1896 mit der Gründung einer staatlichen Post.

Bei der Beschreibung der Großstädte Paris und London gewinnen die Chinesen auf ihre Art Einblicke in die europäische Kultur. London hinterläßt bei Liu Xihong einen dermaßen guten Eindruck, daß er beschließt, die Engländer in Zukunft nicht mehr als Barbaren zu betrachten.

»Zwei Monate lang bin ich oft ausgegangen, um Leute zu besuchen. Auf den Straßen hört man keinen Radau, und man sieht keine traurigen Gesichter. Die Stadt ist sauber und reinlich gehalten. Das Volk ist glücklich und hegt keinen Anspruch, eine dominierende Klasse zu werden. Man darf diese Menschen nicht mit Abkömmlingen von Nomaden *(Xiongnus)* oder Muselmanen verwechseln.«[74]

Paris mit seinen breiten Boulevards, seinen unterirdischen Kanälen, seinem Beleuchtungssystem nimmt die Gesandten ebenso gefangen wie London mit seinen eleganten Stadtvierteln, öffentlichen Dienstgebäuden, Kirchen und Parks. Die Chinesen beschreiben hier nicht die architektonischen Stile, und sie zeigen auch keine Vorliebe für eine der beiden Metropolen. Was sie vielmehr interessiert, sind die Aspekte, in denen die Konzeptionen des modernen Städtebaus in Europa zum Ausdruck kommen.

Doch in ihren Aufzeichnungen spiegeln sich nicht nur die Entwicklungen dieses städtischen Lebens wider. Zugleich reflektieren sie auch die Konzeption der chinesischen Städte wie sie bis weit ins 19. Jahrhundert hinein auf der Grundlage des für China charakteristischen sozio-ökonomischen Lebens existiert. Die hauptsächlichen Handelsgüter wie etwa Seide werden nicht in der Stadt, sondern auf dem Land produziert. Zugleich bleibt der Städtebau in einen Komplex von infrastrukturellen Anlagen integriert, mit dem der Staat Transport, Lagerung und Verteilung der wichtigsten Waren sicherstellt, die Produktion fördert und sich gegen äußere Feinde schützt (Straßen, Kanäle, Speicher, Lager, Deiche, Staudämme, Festungen, Wälle). Die Grenze zwischen Stadt und Land, zwischen Bürgern und Bauern bleibt fließend. Die chinesischen Städte sind Verwaltungssitze. Die großen Familien der Gebildeten lassen sich nicht notwendigerweise in einem Stadthaus nieder, sondern leben durchaus inmitten der Landbevölkerung. Erst spät entwikkelt sich in China die Stadt als eine eigenständige Einheit, die sich vom Land durch ihre hohe Bevölkerungsdichte, die dort angesiedelten Berufe, den Lebensstil und den dort lebenden Menschenschlag unterscheidet.[75] In der traditionellen chinesischen Stadt existiert keine Urbanität mit religiösen Zentren, öffentlichen Plätzen, Anlagen zur Benutzung für alle Bürger, Transportmitteln und hygienischen Einrichtungen, die der städtischen Lebensqualität dienen. Erst in den europäischen Städten sind die chinesischen Reisenden zum ersten Male mit Anlage und Organisation eines urbanen Raumes konfrontiert, der sich deutlich vom ländlichen Raum abgrenzt.

Kochkunst und Mode

Die chinesischen Diplomaten kommen aus einem Land, in dem die Kochkunst eine lange Tradition hat. In ihren Berichten taucht die europäische Küche selten auf. Eine Ausnahme bildet Zhang Deyi, der seitenlang aufzeichnet, wie die Europäer sich ernähren, wie sie kochen und essen. Er beschäftigt sich vor allem damit, seinen Landsleuten zu erklären, was in einer anderen Kultur als Nahrung angesehen wird, was die sozialen Aspekte des Essens und Trinkens, die Regeln zivilisierten Verhaltens bei Tische sind.

Bereits auf dem englischen Schiff von Dagukou (Tianjin) nach England widmet Zhang dem Essen besondere Aufmerksamkeit:

»Die Mahlzeit beginnt hier unweigerlich mit gegrilltem oder gebratenem Fleisch – Rind, Hammel, Huhn oder Fisch. Dann folgen Brot, Kuchen, Äpfel, Birnen, Trauben, Pfirsiche oder andere Früchte. Zu trinken gibt es kaltes Wasser, süßen Saft, heiße Milch, Fleischbrühe, süß-bitteren Wein. Es gibt auch Butter, Knochenmark, Kartoffeln, Reis usw.«[76]

Die chinesischen Reisenden scheinen von der europäischen Küche nicht sehr begeistert zu sein. Zhigang zufolge »gibt es eine reiche Auswahl an Gerichten, doch nur sehr wenige sind köstlich«.[77] Zhang Deyi beschreibt die Garungsmethoden und den Geschmack dessen, was er in den Mund nimmt, ohne es wirklich schätzen zu können:

»Es ist eine Nahrung, die man nur schwer zu sich nehmen kann. Auf fremde Art werden Süß, Bitter, Sauer und Scharf gemischt. Das Rind- und Hammelfleisch wird immer in riesigen Stücken aufgetragen, schwarz und verbrannt, wenn es gegart, übelriechend und hart, wenn es roh ist. Huhn und Ente werden gebraten, ohne vorher gekocht worden zu sein. Der Fisch hat einen starken und bitteren Geschmack, sein Geruch ist zum Erbrechen [...].«[78]

Trotz seiner geringen Sympathie für die Mahlzeiten auf dem englischen Schiff vermerkt Zhang in seinem Tagebuch gewissenhaft die grundlegenden westlichen Nahrungsmittel und Getränke wie Brot, Kaffee, Schokolade, Milch, Wein – für einen Europäer ebenso normal wie unabdingbar, für einen Chinesen hingegen eher ungebräuchlich. Wie ein Anthropologe sucht er nach Sinn, Ursprung und Geschichte der Kochtechniken und Essensgewohnheiten der Eingeborenen. Dabei beginnt er mit eingehenden Beschreibungen, die er mit Hintergrundinformationen versetzt:

»Der Kaffee ist eine Art Bohne aus Übersee. Sie wird gegrillt und gemahlen, dann mit Wasser gekocht. Die Schokolade wird aus einer Art Mandel fabriziert, die geröstet, gemahlen und schließlich mit Zucker gekocht wird. Ihre Farbe ist braun, ihr Geschmack sauer und bitter. Der Rotwein wird aus Trauben hergestellt. Er ist dermaßen sauer und herb, daß man ihn nur mit Wasser verdünnt trinken kann. Das Brot aus Hefeteig ohne Salpeter wird in gegrillten oder erwärmten Scheiben serviert. Es ist oft sauer.«[79] Speiseeis »ist eine Art Eis, das aus Eiern, Milch, Wein und Zucker hergestellt wird. Der Geschmack wechselt nach der Art der Zutaten«.[80]

Die alltäglichsten Speisen der Europäer sind den Chinesen unbekannt. Sie sind Reis oder im Wasserbad gedämpfte Weizenbrötchen als Grundnahrungsmittel gewohnt, ebenso Tee und Reiswein als Getränke. Zhang Deyi ist noch weit von einer Zeit entfernt, in der die Geheimnisse der Ernährung in fremden Kulturen decodiert werden. Er entdeckt jedoch nicht nur die abendländische Küche, sondern auch die europäische Unkenntnis der chinesischen Gastronomie. So muß er einem Franzosen erklären, was die chinesische Basiswürze Sojasauce ist. Der glaubte, es handele sich um eine Art »gesalzene Schokolade«, und hatte sie aufgekocht und verspeist.[81] Ein anderes Mal erzählte ein französischer Beamter Zhang, er habe in einer Zeitung gelesen, das chinesische Ministerium hätte drei Wagenladungen voll Ratten eingeführt. Die entsprechenden Zubereitungsarten stünden auch in jenem Journal.[82]

Während er die Straßen durchstreift, beobachtet Zhang, wie die einfachen Leute einkaufen. Sein Tagebuch berichtet über Szenen, die in China exotisch erscheinen müssen, so über »Karren, die kalte oder heiße Milch verkaufen«, oder über »Frauen, die auf ihrem Kopf große Körbe mit Gemüse tragen«.[83] Die Metzgereien hingegen sind ihm weit weniger fremd:

»Ich sah Schlachtereien, die alle möglichen Würste, gekochte Schweinshaxen, Hackfleisch usw. verkaufen. Alles das kostet nicht viel Geld. Schweinsköpfe, Haxen, Kutteln werden von armen Leuten gekauft. Schweineschmalz wird in Kilotöpfen angeboten. Wie in China findet man Pökelfleisch. Man verkauft zwei Sorten Schinken, gesalzenen und geräucherten, beide in Tüchern eingewickelt. Sie schmecken köstlich.«[84]

Es ist verständlich, daß dem sonst skeptischen Berichterstatter das Wasser im Munde zusammenläuft. Es handelt sich um genau jene Teile vom Schwein, an die er aus seinem Heimatland gewöhnt ist und die dort in breitem Maße konsumiert werden.

Festliche Bankette

In den europäischen Metropolen mangelt es den chinesischen Gesandten nicht an Einladungen, sei es zu offiziellen Banketten oder im familiären Kreis. Mehr als von der kulinarischen Kunst der Engländer ist Zhang Deyi von deren Tafelzeremoniell und Essensritual fasziniert. Das beginnt bereits mit der Wahl des Speiseraumes, etwa das Servieren des Frühstücks:

»Für das Frühstück verfügen die reichen Engländer über einen eigenen Salon. Die durchschnittlichen Engländer frühstücken ebenfalls in einem besonderen Raum, nicht im Schlafzimmer, wo sie zu Abend essen. Nach dem Abendessen lassen sie die Fenster und Türen bis zum folgenden Morgen geschlossen, bis aufgeräumt wird. Der Geruch des Essens und des Weins verbreitet sich während der ganzen Nacht. Nähme man das frische Frühstück im selben Raum ein, verdürbe die unreine Luft den Geschmack und wäre dem Magen nicht förderlich.«

Das englische Frühstück ist nach Zhang reichhaltig. Auf einem geblümten Tischtuch, seinerseits von einer Spitzendecke bedeckt, seien an jedem Platz Serviette, Teller, Messer, Gabel, Milch, Salz und Zucker angeordnet. Auf einem Beistelltisch werden Brot, Früchte, Konfitüren, Honig, Eier, Pfannkuchen serviert; auf einem anderen Schinken, Rinderzunge, Kirschen- und Schweineblätterteigtaschen; auf einem dritten finden sich warme Gerichte wie Rühreier mit Schinken, Bratfisch, Hammelniere, geröstete Lammrippchen, Hühnchen, Omeletten, Wachteln usw., alles auf Silbertellern dargeboten.[85] Die Darstellung zeigt, daß es sich bei dieser »ersten Mahlzeit des Tages« um das Statuszeichen einer bessergestellten Familie der englischen Gesellschaft handelt, was Zhang durchaus vermerkt. Er notiert geradezu überwältigt die Zahl der Couverts, vermerkt detailliert und unermüdlich die Vielfalt der Flaschen, des Geschirrs, der Vasen. Die vielfältigen Handreichungen und Geschirrwechsel durch das Personal während einer Mahlzeit ziehen seine Aufmerksamkeit auf sich und werden als zwei typische Aspekte des europäischen Tischrituals beschrieben. Die Dreiteilung in der Abfolge von Vorspeise (Suppe), Hauptgericht (Fisch, Fleisch, Geflügel) mit einem gegen Ende servierten Salat, schließlich Nachtisch (Früchte, Eiscreme, Gebäck) erkennt er in allen Varianten wieder. Nach dem im Westen herrschenden gastronomischen Code werden die Gedecke im Anschluß an jeden Gang erneuert.

Wenn in der Tat ein Europäer davon überrascht ist, daß in China die Gerichte gleichzeitig aufgetragen werden, so erstaunt den Chinesen in Europa das System der Speisenfolge nach Gängen. Und während die Westler den geschickten Umgang der Chinesen mit ihren Eßstäbchen bewundern, mit denen sie schnell noch die kleinste Krume eines Gerichts erwischen, sind die Chinesen vom Umfang der Gedecke überwältigt. Sie sind es zudem gewohnt, daß das Messer in der Küche bleibt, dort die Gerichte in mundgerechte Stücke schneidet und nicht auf den Tisch kommt – auch mit abgerundeter Spitze nicht.

Zhang Deyi interessiert sich besonders für die Art, wie die Speisen aufgetragen werden. Beispielsweise hält er fest, daß es für den Mittagstisch zwei verschiedene Systeme gibt, das »russische« und das »alte«. Beim ersten System wird der Tisch nicht mit Blumen oder Früchten dekoriert. Der erste Gang bietet nur kalte Gerichte dar. Warme Gerichte und Wein sind auf verschiedenen kleinen Tischen in einem Nebenzimmer angerichtet und werden nach Wunsch vom Chefkellner zusammengestellt und dann auf dem Teller serviert – jedes Fleischgericht mit Salat und Claret, einem in England geschätzten Bordeauxwein. Der dritte Gang wird von Champagner begleitet, und ein Dessert schließt das Mahl ab. Der Service »auf alte Art« bietet ein anderes Erscheinungsbild. Hier wird der Tisch mit Kuchen, Galetten, getrockneten und kandierten Früchten, ein oder zwei Blumenvasen geschmückt. Der Hausherr serviert den Gästen Huhn, die Dame Fleisch. Unmittelbar danach werden Süßspeisen aufgetragen. Zhang vermerkt Rechauds und Wasserbad, um die Gerichte warm zu halten, den Wechsel der Gedecke, die einzelnen Aufgaben der Hausangestellten, die Anwesenheit einer kleinen Tischglocke, mit der die Bediensteten von der Hausherrin gerufen werden können.[86]

Tatsächlich ist Zhang Zeuge eines Übergangsprozesses in der Eßkultur der europäischen, hier zunächst der englischen Eliten. Während der Zeit seiner Mission im Westen gehen sie langsam davon ab, ausschließlich den alten »französischen« Service zu benutzen, den man zu aufwendig findet. Mehr und mehr übernimmt man den »russischen« Service, der die Tischdekoration erheblich vermindert und das Anrichten der Speisen, insbesondere das Anschneiden der Fleischgerichte, von der zentralen Tafel an die Peripherie der Bediensteten verlegt.[87]

Doch da es sich um einen langsamen Übergang handelt, existieren zwischen etwa 1850 und 1890 in der gehobenen europäischen Gesellschaft beide Tischrituale nebeneinander, ohne sich grundsätzlich auszuschließen. Genau das hält Zhang mit besonderem Interesse fest. Doch er bemerkt auch, daß jeder der beiden Services eine ganze Schar von Bediensteten erfordert:

»Eine eingespielte Gruppe von Domestiken unter der Leitung des Haushofmeisters, der im schwarzen Schwalbenschwanz gekleidet ist, versieht den Kellnerdienst. Der Haushofmeister arrangiert die Gläser auf der Tafel, während die Hausdiener die Gerichte herbeitragen. Er bleibt während des ganzen Mahles hinter der Hausherrin und reicht die Gerichte erst weiter, nachdem er sie bedient hat. Er kündigt die Namen der Speisen an, damit jeder seine Wahl treffen kann, und beauftragt die Hausdiener, die von ihm jeweils extra zugeschnittenen Fleischgerichte der Familie und den Geladenen vorzulegen. Weiterhin reichen die Domestiken Brot und hartgekochte Eier. Anschließend ziehen sie sich zurück und schließen die Türen hinter sich, damit man in Ruhe speisen kann. Nach dem Mahle klingelt man mit der Tischglocke, damit die Hausdiener die Tafel abdecken und säubern.«[88]

Zhang Deyi ergeht sich in detaillierten Beschreibungen der ausgeklügelten Bedienung durch die Domestiken. Die Frage freilich, ob es sich um einen Haushalt des Großbürgertums oder der Aristokratie handelt, beantwortet er uns nicht.

Tischsitten

Als Diplomat achtet Zhang Deyi besonders auf die guten Tischsitten der Europäer, sicherlich in dem Bestreben, sich während dieser mehr oder weniger als rituell angesehenen Bankette nicht durch Fehler lächerlich zu machen. Tatsächlich finden die Tischmanieren bei den Chinesen besondere Aufmerksamkeit. Man nimmt die Suppe mit der Kelle und kippt sie nicht direkt auf den Teller; Fruchtkerne gehören auf den Tellerrand und nicht auf den Tisch; einen Hühnchenschenkel kann man nicht einfach in die Hand nehmen; vor der Mahlzeit kleidet man sich um, spült den Mund aus, wäscht sein Gesicht; während des Essens vermeidet man Schmatzgeräusche und benutzt einen Spucknapf.[89] Die meisten der hier von Zhang aufgezählten Gebote finden sich auch in China. In einem der chinesischen Klassiker wird geraten, »nicht gierig zu essen und in langen Zügen zu trinken, mit dem Mund oder den Zähnen Geräusche zu machen, Knochen abzunagen«, alles durchaus volkstümliche beifällige Zeichen guter Speisen und guten Appetits, doch schokkierend in der besseren Gesellschaft.[90]

Für Europäer geradezu unerträglich ist die Angewohnheit, bei Tische zu spucken. Man muß sich fragen, ob Zhang Deyi sich nicht bei seiner Notiz über den Gebrauch eines Spucknapfes bei der Mahlzeit aus chinesischer Gewohnheit getäuscht hat. Macartney seinerseits bekam einen sehr schlechten Eindruck von Liu Xihong, weil dieser schlechte Tischmanieren habe und insbesondere – spucke:

»Während des Diners hustete und speichelte er, und einmal rief er nach einer ungewöhnlich gelungenen Auswurfsanstrengung seinen Diener und verlangte einen Spucknapf, in den er sich mehr übergab als hineinspuckte. Das war ausgesprochen unangenehm für die ihm gegenüber sitzenden Herren, die sich abwandten und deutlichen Abscheu ausdrückten.«[91]

Es bringt ihn in Verlegenheit, wie Liu ein Ei ißt, indem er seine langen Fingernägel (»wie Klauen«) hineindrückt, oder daß er sich erhebt, um Opium zu rauchen, bevor alle anderen das Diner beendet haben.[92] Die zitierten guten Tischregeln werden in der Tat in China weniger streng beachtet als im Westen.

Doch die aufmerksamen Aufzeichnungen von Zhang Deyi zeigen eine bemerkenswerte Parallele zu den von Norbert Elias angeführten Traktaten über gute Tischsitten aus dem europäischen Mittelalter und der Renaissance. Diese zeichneten auf, was in ihrer Zeit als »gutes« und »schlechtes Benehmen« aufgefaßt wurde, und bezogen sich auf die höfische Etikette. Zhang seinerseits stellt die Verhaltensweisen, die Codes des Benehmens in Europa dar und dechiffriert sie. Er findet sich hierbei am Ende einer mehrere Jahrhunderte dauernden Entwicklung, die sich von den Höfen abgewandt und sich im 19. Jahrhundert in den Oberschichten und den Funktionseliten durchgesetzt und verbreitet hat, bis hin zu einer kohärenten europäischen gastronomischen Kultur, zu der die Restauration und die Hotellerie einen entscheidenden Beitrag liefern.

Rituale rund um Tee und Kaffee

Unsere chinesischen Diplomaten interessieren sich auch für die typischen europäischen Getränke und insbesondere für das soziale Leben, die gesellschaftlichen Institutionen und die Geselligkeit um sie herum: Cafés, Bistros, Bars und *tea parties*. Zhang Deyi schildert die Cafés als Teil der urbanen Landschaft von Paris:

»Der Kaffee ist für den Franzosen das, was für den Chinesen der Tee ist [...]. Und wie die Teehäuser in China, so gibt es in der französischen Hauptstadt Tausende von Cafés. Über den Türen steht mit großen Buchstaben ›Café‹ geschrieben. Man verkauft dort auch Suppe, kleine Gerichte zum Wein, Brot, Zigaretten usw. Männer, aber auch Frauen, jedermann geht dorthin. Ein Kaffee mit vier Stück Zucker kostet vier Sous, was zwei Fen in Silber entspricht.«[93]

Die Deutschen schildert Li Fengbao als ein Volk, das sich dem Bier und dem Tabak hingibt, in weit größerem Maß als die anderen europäischen Nationen. Tabakläden und Wirtshäuser fänden sich in den Städten überall. Das soziale Leben rund um das Bier schildert Li mit Sympathie:

»Westlich des Kaiserpalastes gibt es ein Café, wo man etwas trinken und gleichzeitig der Musik zuhören kann. Es ist rund um die Uhr voll. Am Sonntagnachmittag sind die Kunden besonders zahlreich. Reiche und Arme sitzen ohne Verlegenheit nebeneinander. Es kommt vor, daß schmutzige und schlecht gekleidete Arbeiter mit Frau und Töchtern kommen, die gut geschminkt und prächtig gekleidet sind. Sieben oder acht Personen sitzen an einem Tisch um eine große Karaffe Bier. Männer und Frauen trinken gemeinsam, aber es gibt nicht viele Trunkenbolde.«[94]

Li ist von der Beobachtung fasziniert, daß sich in einer solchen Einrichtung die sozialen Milieus ebenso wie die Geschlechter zusammenfinden. Während das Café für die Männer ein Ort der Entspannung ist, suchen die Frauen hier die Gelegenheit zu einem kleinen Fest.

Was der Kaffee für die Franzosen und das Bier für die Deutschen, das ist der Tee für die Engländer. Unzählige Male wird Zhang Deyi zum Five o'clock tea geladen:

»Die Engländer nehmen ihren Tee um fünf Uhr nachmittags zu sich. Kleinere Gruppen begeben sich in den Speiseraum, größere Gruppen in den Salon, wo sie sich in der hinteren Ecke versammeln. Für zwanzig oder dreißig Personen wird ein großer viereckiger Tisch mit weißem Tuch gedeckt. Je nach Anzahl werden links Kaffeetassen, rechts Teetassen aufgestellt, und in der Mitte befinden sich eine Tee- und eine Kaffeekanne, eine Karaffe mit Milch sowie je eine Dose mit Puder- und mit Würfelzucker. Zu essen gibt es Brot und Butter, Sahnekuchen, Kaffeetorte usw. Wenn alles angerichtet ist, ziehen sich die Domestiken zurück und überlassen es der Hausherrin, den Tee oder Kaffee auszuschenken. Die Männer reichen die Tassen herum. Ist der Tee zu Ende, gehen die Frauen, und die Hausdiener kommen wieder herein, um alles zu ordnen. Der Haushofmeister kündigt die neu eintreffenden Gäste namentlich an, und außerdem trägt er den Tee auch in das obere Stockwerk.«[95]

Im Anschluß an solche Beobachtungen reflektieren die Diplomaten in ihren Schriften die Unterschiede in den gesellschaftlichen Praktiken rund um die verschiedenen stimulierenden Getränke. Zhang Deyi notiert recht sensibel, daß ein französisches Café und eine deutsche Gaststätte oder ein Wirtshaus öffentlich sind und zum Straßenleben gehören. Die *tea party* hingegen ist ein gesellschaftliches Ereignis im privaten Raum des Salons, überdies noch mit einer geschlossenen, fast familiären persönlichen Note. Man zelebriert den Tee unter sich, nachdem die Domestiken alles vorbereitet und sich dann entfernt haben. Nun sind wie die Engländer auch die Chinesen Teetrinker. Es ist ihr liebstes Getränk, dessen Zubereitung sie die größte Aufmerksamkeit zukommen lassen. Tee ist in ihren Augen ein Getränk für Feinschmecker und Kenner.[96] Dennoch vergleicht Zhang den chinesischen Tee nicht mit dem englischen Tee, sondern mit dem französischen Kaffee, weil für die Franzosen wie für die Chinesen der öffentliche Konsum ihres jeweiligen Getränkes als soziale Institution überwiegt, nicht als gesellschaftlich geschlossenes Ereignis. Zhang und Li sind davon beeindruckt, daß auch respektable Frauen Cafés und Wirtshäuser ungezwungen besuchen, und setzen dies in Gegensatz zum chinesischen Teehaus, das nur Männern zugänglich ist. Demgegenüber erscheint ihnen die *tea party* in den Salons der englischen Eliten mit der Zeremonie des *high tea* und des Gebäcks in seinem Gefolge als geradezu exotisches Ritual. Öffentliche und offene Geselligkeit organisiert sich spontan in französischen Cafés und deutschen Gasthäusern oder englischen Schenken, während auf den englischen Teegesellschaften eine intime, geschlossene Geselligkeit mit zeremonieller Grundstruktur vorherrscht.

Bei den chinesischen Reisenden werden die Beobachtungen der Lebensmittel und Gerichte weniger von unmittelbaren gastronomischen, sondern vielmehr von soziologischen Interessen geleitet. Zhang äußert sich nur höchst selten darüber, welches Getränk, welche Speise, welchen Kuchen er persönlich bevorzugt oder ablehnt. Vergebens sucht man etwas darüber zu erfahren, ob, wo und in welcher Weise er die westliche kulinarische Kultur überhaupt schätzt. Zhang informiert seine Leser zunächst über die Grundlagen der europäischen Ernährung. Darüber hinaus ist für einen Chinesen die Küche eine zeremonielle Kunst, gestützt auf eine Philosophie, Natur- und Lebensanschauung. Selbstverständlich will er in Erfahrung bringen, auf welche Weise die Europäer ihre Mahlzeiten einnehmen, und er entdeckt, daß es nicht nur andere Zubereitungsarten der Gerichte, sondern auch andere Formen ihrer Darbietung und ihres Verzehrs gibt. Es wird nicht ganz klar, ob und inwieweit Zhang Deyi seine Beobachtungen im großbürgerlichen und aristokratischen Rahmen für die ganze Gesellschaft verallgemeinert. Für ihn zählt die Entdeckung, daß es in Europa eine andere Kultur um Küche, Tafel und Getränk gibt als in China, die hier wie dort Bestandteil des sozialen Zivilisationsprozesses ist, wie wir heute in Anschluß an Norbert Elias sagen würden. Zhang Deyi und seine chinesischen Kollegen sind teilnehmende Beobachter. Sie schließen von ihrer Beobachtung menschlichen Verkehrs darauf, welche Regeln und Normen »anständigen Verhaltens« und welche Tabus die Gesellschaft ihren Mitgliedern auferlegt.[97]

Die europäische Kleidung

Ein weiteres Beobachtungsfeld ist das der Mode. Zhang Deyi ist von den Männeranzügen nicht besonders beeindruckt, denn ihre Formen und Farben variieren nur wenig. Hingegen zeigt er sich überrascht vom Verlangen der europäischen Frauen, auf der Höhe der Mode zu sein, und von der Art, die Formen des weiblichen Körpers durch die Kleidung herauszustreichen. Darüberhinaus beschreibt er die traditionelle Kleidung zu bestimmten zeremoniellen oder gesellschaftlichen Anlässen, die nach sozialem Status differenziert ist.

Das Phänomen der westlichen Mode ist für die Chinesen um so verblüffender, als in ihrem eigenen Land ständig wechselnde und teure Veränderungen der Kleidung unbekannt sind. Die Phantasie des einzelnen hat hier kein großes Betätigungsfeld, und sie kann auch nicht kommerziell ausgebeutet werden.[98] Zhang stellt demgegenüber in und für Europa fest, daß Paris ein Laboratorium weiblicher Mode schlechthin ist:

»Die ausländischen Frauen verfolgen die Entwicklungen der Mode, die sich alle ein bis zwei Wochen ändert. In allen Ländern imitiert man den Stil von Paris [...]. Eine Zeitung veröffentlicht jeden Sonntag telegraphisch übermittelte Bilder der neuesten Moden mit genauesten Angaben, manche auch bezüglich der Farbenwahl. Es gibt auch zwei Fuß große Abbildungen von Frauen unterschiedlichen Alters, die sitzend oder stehend Kleidung der aktuellen Mode tragen. Die Leute suchen den Luxus außerdem in ihren Frisuren, Schuhen und Strümpfen. Selbst im Ausland kann man über die Mode auf dem laufenden sein.«[99]

Zhang versteht sofort, daß Frankreich oder besser Paris in Europa den Stil der Mode bestimmt. Seine Beschreibung erfaßt das zeitgenössische Phänomen des beschleunigten Modewechsels in der zweiten Hälfte des 19. Jahrhunderts, und zwar mitsamt seiner wirtschaftlichen Logik. Während die Kleidung der Chinesen »bestenfalls Änderungen im Detail«[100] erfahre, seien die feinen Damen der Londoner Gesellschaft große Modekonsumentinnen. »In England geben bei den Reichen die Frauen zehnmal mehr aus als die Männer. Es kommt vor, daß sie ein Kleid, das zehn Pfund kostet, nur zweimal tragen, es dann unmodisch finden und aussortieren.«[101] Liu Xihong berichtet vom Hörensagen, die Frauen gäben in Europa weit mehr für Kleidung und Gesellschaft aus als in China. Dabei zählten sie auf das Einkommen ihrer Ehemänner. Die Männer hingegen bevorzugten die Heirat von Frauen, die für solche Ausgaben selbst aufkommen könnten. Auch aus diesem Grund, so Liu weiter, blieben manche Engländer lieber Junggesellen.

Die von Zhang Deyi beschriebenen hemmungslosen Ausgaben reicher Frauen für Kleidung reflektierten die Werte der Oberklassen im industriellen Zeitalter. Wenn in einer Gesellschaft die Werte der Wirtschaft und des Gewinns grundlegend geworden sind, erweist sich die Zurschaustellung von Luxus unmittelbar als Werbung. »Die Frau ist das Schaufenster des Mannes. Sie erklärt im systematischen Bemühen, ihre Weiblichkeit übertrieben zur Schau zu stellen, nur auf der zweiten Stufe der Gesellschaft und der Familie zu stehen.«[102] Während zeitgenössische christliche Beobachter die Chinesen loben, weil sie die Verderblichkeit weiblicher Eitelkeit sähen und sie durch

Brauchtum und Gesetze in Grenzen hielten,[103] ist Zhang Deyi fasziniert vom rasenden Wechsel, der schillernden Vielfalt und nicht zuletzt der Kommerzialisierung der europäischen Kleidungskultur.

In welche Richtung auch immer die westliche Mode ausschlug, immer wurde an erster Stelle der weibliche Körper exponiert. Zhang Deyi macht das neugierig, weil er andere ästhetische Kriterien gewohnt ist, die sich aus den chinesischen Sitten herleiten. Dort suchen die Frauen ihre Körperformen züchtig zu verbergen. Dazu schreibt ein europäischer Zeitgenosse: »Die Kleidung der Chinesinnen nähert sich der der Männer an. Ein Kleid, das oben von einem weißen, am Hals anliegenden Satinkragen geschlossen ist und unten noch die Füße ganz bedeckt, ist das wichtigste Kleidungsstück. Darüber tragen sie eine Art Kittel mit überlangen Ärmeln, die sie hochheben müssen, wenn sie etwas mit den Händen verrichten wollen. Unter dem Kleid tragen sie eine weite Hose, die mit Schnürbändern am Bein geschlossen ist. Eine Chinesin verbirgt alles, außer ihrem Gesicht.«[104]

Manche Präsentationen europäischer Frauen wirken daher auf Zhang Deyi bei allem Interesse schockierend. Er notiert:

»Europäische Sitten. Alle Frauen wollen eine schlanke Taille und hohe Brüste, ein dickes Hinterteil und kleine Füße haben. Im Handel verkauft man für die Hüfte eine Art Futteral, das aus Hanftuch und Kupferfäden hergestellt ist. Wenn man es eng trägt, wird die Taille schlanker, und die Brüste heben sich. Es gibt auch falsche Brüste, die aus dickem Tuch gearbeitet sind. Sie sehen wie unsere Knieschützer aus. Man verkauft auch falsche Hinterteile, die aus Pferdehaar und feinem Tuch gefertigt sind. Sie haben eine Kürbisform und werden hinter der Hüfte angebracht. Erhebt man sich, schwellen sie an, beim Sitzen jedoch bleiben sie biegsam und weich. So künstlich und übertrieben das alles sein mag, läßt sich doch nicht leugnen, daß auf diese Weise der Charme der weiblichen Körperhaltung ins letzte Extrem gesteigert wird.«[105]

Zhang bleibt also nicht unbeeindruckt. Diese von ihm beschriebene weibliche Silhouette wird oft noch von einem reichgeschmückten Hut gekrönt, während der Hut der Männer unweigerlich schmucklos grau oder schwarz ist.

»Die Hüte der Frauen sind aus Seide unterschiedlicher Farbe. Statt frischer Blumen bringen sie künstliche aus Stoff an ihnen an, in kräftigen und natürlichen Farben. Manche heften auch falsche Früchte wie Kirschen, Maulbeeren, Pflaumen usw. an ihren Hut, die ebenfalls fein gearbeitet sind und völlig echt aussehen.«[106]

Gleichzeitig experimentieren die europäischen Frauen phantasievoll mit Schmuck und Schminke. Zhang zeigt sich amüsiert. »Die Ohrringe der Frauen sind völlig außergewöhnlich. Sie sind aus Gold und haben die Formen von Schuhen, Vogelkäfigen, Globen, Wagen, Pferd, Katze, Hund oder Mohrenkopf. Andere ähneln einem Apfel, einem Pfirsich, einer Orange oder einem Blumenkorb. Sie sind ebenso abwechslungsreich wie kunstfertig gearbeitet.«[107]

Manchmal wird die Aufmerksamkeit des jungen Diplomaten von einer Kleinigkeit gefangengenommen, so etwa von einer bestimmten Schminkweise oder einer besonderen Art, den Hut zu tragen. Er decodiert: Ein schwarzer Punkt neben dem Mund oder unter dem Ohr ist ein Zeichen von Koketterie, wirre Haare sind die neueste Frisur, und es ist modern, den Hut quer aufzusetzen. Und die Viktorianerinnen erweisen sich als ebenso kokett wie auf ihre Art loyal gegenüber der königlichen Familie. Sie legen bei sich selbst dort ein Schönheitspflästerchen auf, wo die älteste Prinzessin eine erbsengroße Narbe auf der linken Wange verbirgt. Auf diese Art kreiert die Prinzessin eine neue Mode, ohne es zu wollen.[108]

1868 bereist Zhang Deyi Europa ein zweites Mal, genau zu dem Zeitpunkt, als die Frauen in Europa eine »Wende« in der Mode durchmachen. Sie sehen nicht mehr wie Glocken aus, da die Fischstäbchen-Krinoline (»Blumenstraußstiele«)[109] aufgegeben wird – für Zhang ein historischer Moment in der Entwicklung der westlichen Frauenmode. »Vor zehn Jahren, so sagt man, trugen die Frauen Reifenröcke in der Form unserer Dufträucherkronen. Die weiten und aufgeblähten Röcke erzeugten Wind, wenn sie sich bewegten. Vor zwei Jahren haben sich die Reifen der Röcke zusammengezogen. In diesem Jahr tragen die meisten Frauen gar keine Reifen mehr.«[110] Ein derartiger Formenwechsel in der ostentativen weiblichen Bekleidung, zumal in solch kurzer Zeit, ist in China zu jener Zeit unvorstellbar.

Doch Zhang Deyi läßt sich von den schillernden und extrem schwankenden Modephantasien in Europa nicht blenden. Bei den Audienzen am englischen Hof registriert er aufmerksam die traditionelle Bekleidung. Hier zeigt sich ihm auch die Präsenz der Aristokratie. So berichtet er anläßlich eines Empfangs im königlichen Palast, daß die Minister ein langes rotes, zu Boden fallendes Kleid ohne Ärmel tragen, die Peers einen Rock aus weißer Schafshaut, steif wie eine lange Holzplatte, die Juristen und Geistlichen ein langes blaues, bis zum Boden reichendes Kleid, die Diplomaten schließlich zeremonielle Uniformen mit Auszeichnungen, die ihren hierarchischen Rang anzeigen. Zhangs Blick gleitet wieder zu den Frauen. Er notiert, daß ihre dekolletierten Kleider die Hälfte ihres Rückens und ihrer Arme freilegen. Liu Xihong ergänzt, daß sich bei solchen Empfängen nur die amerikanischen Diplomaten in ihrer gewöhnlichen Kleidung und ohne Dekorationen zeigen. Denn, so erklärt er, Amerika sei ein demokratisches Land, wo sich die Hierarchien nicht offen zeigten.[111]

Neben der flatterhaften Mode des ersten industriellen Zeitalters haben sich also in England die Farben der aristokratischen, hierarchisch geordneten Gesellschaft erhalten. Zhang Deyi ergänzt, daß sich in den großen Familien auch die Domestiken traditionell kleiden: kurzes Hemd, Weste, rote Hose, Kniestrümpfe, schwarze Schnürschuhe. Manche pudern sich die Haare. Vor 100 Jahren, so Zhang, seien die Haare eines alten englischen Herrschers erbleicht; da er sein Altern verabscheute, habe er allen seinen Untertanen befohlen – Männern wie Frauen, Alten wie Kindern –, an den Audienzen nur mit weiß gepudertem Haar teilzunehmen, damit sich die Jungen nicht von den Alten unterschieden. Trotz des Zeitenwandels hätten die Domestiken der Prinzen weiterhin an diesem Brauch festgehalten.[112]

Man merkt, daß Zhang Deyi und Liu Xihong sich auf diesem Gebiet nach einem scheinbar sicheren, weil ihnen bekannten Muster orientieren. Wie im chinesischen Reich drückt sich die soziale Klasse ausdrücklich und unmißverständlich in der Kleiderordnung aus. Auf den ersten Blick sind Grad und Rang aller Männer im Staatsdienst zu unterscheiden und zu identifizieren.[113]

So wie Zhang Deyi bei seiner Darstellung des europäischen Essens nur sehr selten Kommentare zum Geschmack abgibt, so gibt er auch keine Urteile ästhetischer Art zur europäischen Kleiderordnung ab. Doch aus seinen Beschreibungen wird der soziale Charakter der Kleidung und des Modeverhaltens deutlich, für China wie für Europa. Die europäische Mode ist ein nach chinesischen Begriffen und Erfahrungen schier unbegreifliches Phänomen. Zhang sieht es im Zusammenhang von Industrialisierung, rapider Kommunikation, schnellebiger gesellschaftlicher Zurschaustellung, kommerzialisierter Warenwelt, deren Logik aufs äußerste zugespitzt wird. Die Unbeweglichkeit der chinesischen Gesellschaft dagegen manifestiert sich in der einförmigen und stets gleichbleibenden Kleidung. Jenseits der Mode freilich kleidet sich die politische Macht in England nach einer traditionellen Art, die von den chinesischen Diplomaten unmittelbar dechiffriert wird, denn sie scheint anthropologisch universell zu sein. Von der Königin über die Regierung, die Beamten und Diplomaten bis hin zur Dienerschaft ist jeder so gekleidet, daß sich daran sein gesellschaftlicher Rang, seine administrative Position, sein Beruf ablesen läßt, ohne daß dies durch irgendwelche modischen Kapriziosen durcheinandergebracht würde.

Das gesellschaftliche Leben

Die chinesischen Diplomaten werden oft zu Unterhaltungsveranstaltungen eingeladen. Auf Bällen, im Theater und in Museen lernen die Gelehrten den Charme der europäischen Kultur schätzen.

Der Ball

Der Ball ist für sie eine typisch europäische Veranstaltung. Unter den späten Qing gibt es nichts Vergleichbares. Die Chinesen berichten laufend darüber, zumal die Bälle Teil ihrer gesellschaftlichen Pflichten sind. Zhang Deyi ist fast überall dabei. Es kommt vor, daß er an einem Tag vier Bälle besucht.

Schnell unterscheiden die Diplomaten zwischen verschiedenen Arten von Bällen. Die *at home* oder vom königlichen beziehungsweise kaiserlichen Hof organisierten Bälle geben sich privat, gehören aber ins Zentrum des sozialen Lebens der vornehmen Gesellschaft, also der Oberklasse. Zu dieser Kategorie von Veranstaltungen liefert Li Shuchang die vollständigsten Berichte. Er streicht die gesellschaftliche Funktion der Bälle in England, Frankreich, Deutschland heraus und sucht diese zunächst formal aufzuschlüsseln. Der Beginn der Ballsaison unterscheidet sich je nach Land:

»In Europa gibt es bestimmte Zeiten im Jahreslauf, in denen gesellschaftliche Ereignisse wie Empfänge und Bälle dargeboten werden. Doch beginnt diese Saison in Frankreich später [als in Deutschland] und noch später in England, wo die obere Gesellschaft meist im vierten oder fünften Monat des Jahres zusammenkommt. Das liegt am Londoner Nebel, der die Stadt noch spät im Jahr überzieht, sofern es nicht regnet; die ersten schönen Tage gibt es nicht vor dem dritten Monat [...]. Auf Englisch nennt man diese Art von Gesellschaft ›at home‹, weil man sich im Haus des Gastgebers trifft. Auf Französisch heißt es ›passer une soirée‹. Während meines Aufenthaltes in Berlin begab ich mich mehrmals auf Empfänge, die von den englischen, französischen und österreichischen Botschaftern ausgerichtet wurden. Dazu lud man auch den Kaiser, die Kaiserin und den Kronprinz ein, um die Beziehungen zu ihnen zu pflegen.«[114]

Li Shuchang bemerkt, daß die höchste und wichtigste dieser Veranstaltungen der Hofball ist, der zwei- oder dreimal im Jahr stattfindet und von Reichen und Würdenträgern ausgerichtet wird.[115]

Zhang Deyi besucht in Paris einen phantastischen Maskenball, der von einem gewissen Zhila organisiert wird, einem französischen Maler italienischer Herkunft. 300 Menschen nehmen daran teil. Die Männer sind etwa als indischer König, englischer Marschall oder Mohr verkleidet, die Frauen als Ägypterin, Japanerin oder Kantonesin kostümiert. Hier eine beeindruckende Szene:

»Man hörte Geschrei, während man tanzte. Plötzlich trat ein Mann mit einem Schnurrbart in Form einer chinesischen Acht [八] auf, leuchtenden Blicks, mit einem hohen Hut und einer fünf Finger breiten roten Schärpe über der Schulter, bedeckt mit einem Dutzend Auszeichnungen. Ihm folgten mehr als zehn ›Offiziere‹: Es handelte sich um den ›Kaiser Napoleon III.‹. Bei seinem Auftritt entblößte jedermann sein Haupt zum Gruß, und das Orchester begann zu spielen. Bei näherer Betrachtung erwies sich der Mann nicht als so kräftig wie der französische Kaiser. Man demaskierte ihn: Natürlich war es nicht der Kaiser, sondern Yi Shichang, ein Freund des Zhila. Das ist sehr amüsant.«[116]

Allerdings wird der Ball als gesellschaftliche Aktivität durchaus nicht von allen chinesischen Diplomaten unter demselben Blickwinkel gesehen. So zeigt sich Liu Xihong beispielsweise schockiert über die Kostümierung der Teilnehmer: »Die Frauen waren dekolletiert und die Männer in saubere Anzüge gekleidet. Doch wenn man von ferne hinsah, machten die beigen Hosen den Eindruck, daß ihre Beine nackt seien. Das ist wirklich nicht sehr schicklich.«[117] Die Verachtung für westliche Sitten äußert sich in Xihongs Worten mitunter sehr deutlich: »Die Frauen mit nacktem Oberkörper, die Männer mit nackten Beinen tanzten miteinander, indem sie aneinander klebten.«[118]

Tatsächlich ist der Ball eine der besten Gelegenheiten, europäische Sitten zu beobachten und zu studieren. Guo Songtao sieht den Ball als Zerstreuung, die nur hinreichend zivilisierten Menschen zusteht, die sich vollkommen zu beherrschen wissen, wenngleich er ebenfalls keinen Gefallen an der Kleidung findet:

»22. Mai 1878. Heute Abend nahm ich am Ball in Buckingham teil. Die Männer und Frauen mischten sich und tanzten Arm in Arm. Alle trugen dem Hof angemessene Kleidung. Die europäischen Bräuche sind manchmal schwierig zu verstehen. Die Wachen bildeten eine Kette vom Eingang bis in den Saal. Der Ball dauerte bis zum frühen Morgen. Die Leute amüsierten sich, wahrten aber die Ordnung. Die englischen und deutschen Prinzen tanzten ebenfalls. Nach den chinesischen Riten war das alles etwas absurd. Doch übersteigen die europäischen Sitten die der Chinesen. Niemals höre ich, daß jemand die Grenzen des moralischen Anstandes überschritten hätte. So machen sich nur wenige über die Verhaltensweisen der anderen lustig oder nehmen eine wirklich entrüstete Haltung ein.«[119]

Guo Songtao nimmt offensichtlich keinen Anstoß daran, daß Frauen und Männer zusammen tanzen. Ganz im Gegenteil: Er schätzt das Gleichgewicht zwischen Freiheit und Ordnung des sittlichen Verhaltens, das es in China so nicht gibt. Einen derartigen Ball kann er sich in China nicht vorstellen. »Das gäbe ein totales Durcheinander«, sagt er.[120]

Zhigang nimmt 1869 an einem von Napoleon III. gegebenen Ball teil und versucht anschließend, Sinn und Funktion solcher Veranstaltungen zu ergründen:

»Letztlich liegt ihre Bedeutung darin, die Gefühle der einen und der anderen miteinander zu harmonisieren, durch die Freude, den Rangniedrigsten mit dem Ranghöchsten zu verbinden, so daß sie mit dieser Beziehung zufrieden sind und ihrer Freude darüber freien Ausdruck geben. Ich hatte die Gelegenheit, hierüber einen Franzosen zu befragen, der lange in China gelebt hat. Er war es, der mir diese Antwort gab, die Zustimmung verdient. Doch wäre das auf China nicht anwendbar, weil man dort lieber der Vernunft als den Gefühlen folgt, während es im Fernen Westen wichtiger ist, den Gefühlen zu gehorchen als der Vernunft.«[121]

Zhigang verweist hier also auf einen Mentalitätsunterschied: Die Europäer lassen ihren Gefühlen in einem vorgegebenen Rahmen freien Lauf, was für einen weisen Chinesen kaum eine angemessene Freizeitgestaltung wäre. Interessant ist außerdem, daß Zhigang sich in dieser Frage mit einem Europäer austauscht, der seinerseits über Chinaerfahrungen verfügt: Wechselblick zwischen Experten des jeweils Exotischen, Selbstreflexion auf beiden Seiten.

Die chinesischen Diplomaten nehmen freilich nicht nur an den Bällen der oberen Gesellschaft teil, sondern auch an den volkstümlichen Festen. Zunächst handelt es sich um populäre Maskenbälle, die an Feiertagen stattfinden oder zu Wohltätigkeitszwecken organisiert werden. In Berlin besucht Li Shuchang zweimal solche Maskenbälle, in der Kroll-Oper und im Florapark. Beide Male sammelt man Geld, das für die Verwundeten des Krieges zwischen Rußland und der Türkei bestimmt ist. In Paris beobachtet er einen ähnlichen Ball in der Oper, dessen Erträge Flutopfern in Österreich helfen sollen.[122]

Hinzu kommen die kommerziell organisierten Bälle. Mabille, Ursprung des berühmt-berüchtigten Cancan-Tanzes, ist eines der schillerndsten Symbole des Pariser Nachtlebens. »Mabille! Einer der Paläste der vergänglichen Freuden und der Galanterie, unvermeidliche Etappe für Fremde und Provinzler, die sich in Paris vergnügen wollen!«[123] Zhang Deyi wird mehr als einmal dorthin geführt und zeigt sich vom Reiz des Etablissements in der Tat betört. Die Anlage umfaßt weitläufige Gärten mit künstlichen Felsen und einem Bach, Pavillons für Gesang und Tanz, Trinkhallen und Teehäuser. Das Etablissement wird von einem reichen Franzosen geführt, und die Bälle von Mabille sind stark kommerzialisiert:

»Die berühmten Kurtisanen der ganzen Stadt finden sich hier zusammen. Die Männer zahlen hundert Sou Eintritt, die Frauen jedoch nichts, denn sie dienen dem Betrieb als Hostessen. In sechs oder sieben Jahren hat der Besitzer daraus unermeßliche Gewinne erzielt. Die Spaziergänger, die mit den Mädchen tanzen wollen, nehmen sie einfach bei der Hand. Dann tanzen sie eng aneinander geschmiegt eine Runde [...]. Die Mädchen sind leicht gekleidet, stark geschminkt und zu jeder Verführung bereit. Die einen tanzen im Musikpavillon, die anderen trinken in Gesellschaft der Männer. Bei unserem Anblick taten einige überrascht, andere schüchtern, noch andere beobachteten uns aufmerksam. Bei Betriebsschluß nehmen einige Männer die Mädchen zu sich, andere gehen mit zu ihnen.«[124]

Ein ausschweifender Lebensstil gehört zum guten Ton der Bohème im Paris des Zweiten Kaiserreichs.[125] Zhang bemerkt, daß Kurtisanen in den Salons der französischen Gesellschaft durchaus als Tanzpartnerinnen zugelassen sind.

»Bei der Einladung zu einem Bankett nehmen die Europäer manchmal Schauspielerinnen mit, um die Stimmung zu heben. Wo es auch sei, immer kann man nach Belieben Hostessen mitnehmen, die zum Trinken animieren und sich dem selbst nach Herzenslust hingeben. Nach dem Mahl tanzt man zu Paaren, wobei man alle möglichen Verrenkungen durchführt, den Hals einzieht, die Schultern hebt, das Rückgrat krümmt, die Faust hebt; man hört erst auf, wenn man völlig nackt ist. Wer sich mit seiner Partnerin vergnügen will, nimmt sie in ein geheimes Zimmer mit. Das kostet jedesmal rund zwanzig Goldstücke, mehr als zwanzig Taels Silber. Ansonsten betrinkt man sich und schickt die Hostessen dann nach Hause.«[126]

Hier handelt es sich um einen *bal marchand* der von Pariser Bohemiens privat organisiert wird. Eine solche Veranstaltung hat weder die Funktion eines gesellschaftlichen Vergnügens, noch hat sie einen zeremoniellen Wert. Der Sache nach ist es eine verdeckte Form der Prostitution. Zhang schweigt sich darüber aus, ob er an einer solchen Veranstaltung selbst teilgenommen hat, ob er sich schockiert gefühlt oder sich schlicht amüsiert hat.

Die Chinesen registrieren also die Existenz diverser Arten von Bällen, jeweils unterschieden nach gesellschaftlicher Klasse und Schicht. Es fällt auf, daß sie – bis auf das eben zitierte Beispiel – weder Formen noch Rhythmen des Gesellschaftstanzes beschreiben. Keiner von ihnen gibt Auskunft darüber, ob er etwa selbst am Tanz teilgenommen hat. Ihr Augenmerk ist ausschließlich auf die sozialen Aspekte des Tanzes gerichtet, die zwischen gehobener Geselligkeit und Zügellosigkeit angesiedelt sind. Daß der Ball überhaupt auf solch großes Interesse stößt, liegt zunächst daran, daß eine derartige soziale Aktivität den chinesischen Beobachtern unbekannt ist. Weiterhin notieren sie die in China ebenfalls unbekannte – und unvorstellbare – Art, wie Männer und Frauen in engem Körperkontakt öffentlich miteinander tanzen, als Besonderheit der europäischen Zivilisation. Und schließlich meinen sie, daß es sich dabei um eine westliche Art handele, sich der Freude hinzugeben und den Gefühlen freien Lauf zu lassen, im Gegensatz zur chinesischen Kultur der rationalen Selbstkontrolle. Gleichzeitig heben sie allerdings hervor, daß es sich bei alledem um gesellschaftliche Ereignisse handelt, daß es um gutes Benehmen, um ästhetische Bewegung und Körperbeherrschung geht. Je höher die gesellschaftliche Schicht, und insbesondere im Adel und bei Hofe, »desto mehr gewinnt der Ball den Stil einer Zeremonie und verliert den Charakter einer zerstreuten Unterhaltung«.[127]

Die Kunst des Schauspiels

Die Beschreibung und Analyse der Schauspielkunst in Europa konfrontiert die Chinesen zunächst mit hohen sprachlichen Barrieren. Trotzdem versuchen sie, soviel wie möglich zu notieren, nach Beziehungen zwischen den verschiedenen Elementen und nach Sinn und Bedeutung zu suchen. Dabei greifen sie wie auch in anderen Bereichen auf Erklärungen ihrer europäischen Gastgeber zurück. Das Interesse richtet sich zunächst auf Bühnenausstattung, Kostüme, Beleuchtung, die Form der Theatersäle und die Themen der aufgeführten Stücke.

Guo Songtao sieht sich ein Stück von Shakespeare an, Zeng Jize wohnt Aufführungen von »Hamlet« und der »Odyssee« bei; weder der eine noch der andere gibt jedoch Kommentare ab. Zhang Deyi ist es, der als einziger in seinem Tagebuch jene Ränke und Intrigen festhält, um die es im Theaterstück geht. So beschreibt er etwa die Aufführung eines Stücks, in dem man sich an einem Wucherer rächt. In einem anderen Fall geht es um einen Armen, der reich wird, weil er den Unwillen eines »Unsterblichen« auf sich zieht.

Das alles bleibt recht unklar, und es gelingt letztlich nicht, aus den Beschreibungen die Darbietungen selbst zu identifizieren. Auf der anderen Seite sind die Beschreibungen des Dekors, der Bühnen, der Säle ziemlich detailliert. Auch hier zielt die Analyse auf ein Verständnis des gesellschaftlichen Lebens in Europa. Zhang Deyi ist fasziniert von den beweglichen Bühnenaufbauten, den Kulissen, dem Dekor, das er zauberhaft findet. Auch die farbigen Kostüme preist er. Li Shuchang ist besonders von den Kostümen eines Balletts beeindruckt.

»Die Tänzerinnen tragen hautfarbene Strümpfe, man könnte deshalb meinen, sie tanzten mit bloßen Beinen. Um die Taille tragen sie einen kurzen Rock in allen möglichen Farben, der aus mehreren übereinandergelegten Gazeschichten besteht. Wenn die Frauen in Gruppen tanzen, wippen diese Gazeröcke, was faszinierende Effekte ergibt.«[128]

In China ist das Theater sehr volkstümlich und keineswegs ein eleganter, für die obere Gesellschaft reservierter Ort. Ein Franzose, der in der zweiten Hälfte des 19. Jahrhunderts in Peking lebt, beschreibt ein dortiges Theater als »ein recht heruntergekommenes Gebäude, das sich von den übrigen nur durch seine größeren Proportionen unterscheidet«. Der Hof sei schmutzig und »überfüllt von einem Publikum, das sehr an unsere volkstümlichen Bälle erinnert«. Der Theatersaal bestehe »aus einer Reihe kleiner Tische und Bänke«, so einfach wie ein Versammlungsraum und so animiert wie eine Teestube, wo man »Tee trinkt, getrocknete Melonenkerne knabbert und mit Freunden oder Stammkunden Pfeife raucht und plaudert«.[129] Die kaiserlichen Familien und die der Reichen hingegen bestellen gewöhnlich die Theatergruppen zu sich ins Haus und wohnen den Vorstellungen im privaten, geschlossenen Raum bei.

Vor diesem Erfahrungshintergrund ist es verständlich, wenn die chinesischen Diplomaten der Tatsache besondere Aufmerksamkeit schenken, daß in Europa das Theater ein gesellschaftlicher Ort ist, wo man sich zeigt und trifft und wo der für die Zuschauer reservierte Raum einen beträchtlichen Teil der Theaterarchitektur ausmacht. Sie kommen erstmals 1867 nach Paris, zwei Jahre nach dem Bau der Oper. »Die Pariser Oper genießt den Ruf, weltweit das beste Theater zu sein, und zwar wegen seiner großartigen Architektur. Die Pariser sind darauf dermaßen stolz, daß sie jeden Besucher fragen, ob er denn auch die Opéra gesehen habe«, berichtet Li Shuchang später. Er erhält eine Präsidentenloge, als er seine alten englischen Bekannten Miss Ruby und ihren Vater einlädt, »ein reicher Herr nach der Art eines Gebildeten bei uns zu Hause«. Li sagt nichts über das Theaterstück, das er gesehen hat, interessiert sich aber sehr für die Anordnungen im Inneren des Theaters. Er notiert, daß die der Bühne nächstgelegenen Sitze dem Präsidenten der Republik und den Präsidenten der Abgeordnetenkammer und des Senats vorbehalten sind. Die anderen sind von Aristokraten gemietet. Die Logen der Schauspieler erinnern ihn an königliche Apartments. Diese umwerfende Pracht der Pariser Oper wird auch von einigen anderen chinesischen Diplomaten geschildert.

Die europäische Dramaturgie ist den Chinesen völlig unbekannt. Bis zum Ende der Qing existieren in China lediglich lokale Opern, in denen sich Gesang und Versrezitation abwechseln, anders als im europäischen Theater, wo die Genres voneinander geschieden sind. Da Li Shuchang und Guo Songtao die Oper nicht einzuordnen wissen, übersetzen sie den Begriff nicht, sondern benutzen eine phonetische Transkription. Zhang Deyi stellen die verschiedenen Formen des Theaters vor ähnliche Probleme; er schreibt 1877:

»Es gibt in London siebenunddreißig Theater, die um achtzehn Uhr öffnen. Die Vorstellungen beginnen um neunzehn Uhr und enden um Mitternacht oder um ein Uhr morgens. Das Stück ist in drei oder vier Akte unterteilt. Die Theatergruppen führen unterschiedliche Dinge in unterschiedlichen Formen auf. Manche singen, ohne zu sprechen, andere sprechen, ohne zu singen. Einige spielen Anekdoten, andere wiederum führen Stücke auf, die nach einem Roman fürs Theater angepaßt sind; einige singen zeitgenössische Lieder, andere behandeln Tagesthemen; einige tanzen, andere machen Zirkus; manche verkleiden sich als Tiere und Ungeheuer, andere erzählen lustige Geschichten und führen akrobatische Kunststücke auf, um die Kinder zu belustigen.«[130]

Aus Zhangs Darstellung lassen sich die Kriterien eines chinesischen Theaterbesuchers entnehmen. Was er an Darbietungen kennt, umfaßt alle Formen der Künste, Literatur, Musik, Spiele, Gesang, Kostüme, Masken und Schminke, Tanz und Akrobatik. Die Formen des chinesischen Theaters kombinieren diese Elemente, wenn auch nicht immer alle zusammen.[131] Erst 1906 wird die erste Theatergruppe nach westlichem Vorbild gegründet, »Frühlingsweide« *(Chunliu)*. Nun erst werden die Begriffe *huaju* (Sprechtheater), vorher *xinju* (neues Theater), und *wenmingxi* (kultiviertes Theater) in den geläufigen Wortschatz aufgenommen. Vorher werden die Opernhäuser, die nur einen Stil kennen, einfach nach der Heimatstadt benannt, etwa *jingju* (Pekingoper), *chuanju* (Sichuanoper), *jinjiang* (Jinweise). Zhang ist sichtlich hilflos gegenüber den in Sparten gegliederten Etablissements und Genres der Bühnen und der Stücke, die dort aufgeführt werden. Immerhin unterscheidet er Oper, Theater, Ballett, Komödie und Zirkus in seinen Darstellungen. Die

Arbeitsteilung ist für ihn ebenso bemerkenswert wie der unterschiedliche gesellschaftliche Rang, aber auch das gesellschaftliche Leben um die »ranghöheren« Veranstaltungen selbst. Hierauf ist das Augenmerk der chinesischen Diplomaten besonders gerichtet, weniger auf den Inhalt und die Form der Stücke. Das sprachliche Handicap spielt hier eine Rolle, aber auch das Interesse an Ritualen und sozialen Formen und ihren Bedeutungen.

Galerien und Museen

Museen sind in der zweiten Hälfte des 19. Jahrhunderts in China unbekannt, während sich zur selben Zeit in Europa Museen, Galerien und Gemäldeausstellungen ausbreiten. Von den chinesischen Diplomaten, die dem Zauber der realistischen Darstellungen in der europäischen Malkunst erliegen, werden sie häufig und gerne besucht. Ihrem Verständnis nach erblicken sie hier die Schätze der europäischen Kultur. Li Shuchang stellt fest: »Alle Länder Europas legen großen Wert auf die Malerei. Es kommt oft vor, daß man Tausende von Gemälden in einem Gebäude ausstellt, damit das Publikum sie bewundern und Liebhaber sie kopieren können.«[132] Guo Songtao ist von der Dimension der Londoner Nationalgalerie überwältigt, die einige tausend Werke italienischer, niederländischer, griechischer, spanischer und französischer Meister ausstellt. Auch hierher kommen Besucher, um die Bilder zu kopieren. »Allein der Kunst wegen kümmert sich der Staat um die Sammlungen, damit man beim Kopieren sein eigenes Talent entwickeln kann! Und deswegen fehlt es auch nicht an Genies in der hiesigen Malerei.«[133] Liu Xihong und Zhang Deyi reagieren mit mehr praktischen Überlegungen. »Man kann bereits im British Museum die Malerei lernen. Hier, in der Nationalgalerie, ermutigt man die Menschen nochmals zum Malen. Aber wenn nun alle Engländer eine Kunst beherrschen, wer kümmert sich dann um das tägliche Leben?« Die Organisation der Ausstellungsräume beeindruckt jedoch alle chinesischen Besucher, ob sie die westliche Malkunst nun bewundern oder sich eher darüber lustig machen. [134]

Besonders der Realismus der westlichen Gemälde erregt ihr Interesse. Sie diskutieren zwei Aspekte: Die Darstellung des menschlichen Körpers und die Maltechniken. Dabei zeigen sich abermals die Unterschiede zwischen chinesischen und westlichen Beurteilungskriterien in ästhetischer und technischer Hinsicht. An Aktmalerei sind sie aus China nicht gewöhnt, akzeptieren jedoch die naturgetreue Darstellung. In einer Gemäldesammlung nahe der Champs-Elysées bewundert Li Shuchang unter anderem ein Bild, das Mädchen beim Bad in einem Bach darstellt. »Es zeigt sechs oder sieben Mädchen mit gelöstem Haar, die sich nackt in einem Bach baden. Sie scheinen einen Schritt im Unterholz vernommen zu haben. Eines will ihren Körper mit einem weißen Tuch bedecken. Ein anderes hebt die Hand zur Stirnhöhe, um zu sehen, woher das Geräusch kommt. Die anderen sind von Panik ergriffen.«[135] Li legt keinerlei Unbehagen bei der Betrachtung der nackten Frauenkörper an den Tag, deren ästhetische Darstellung er eher genießt.

Die Verbreitung der Aktmalerei beobachtet Zhang Deyi mit Neugierde. »Der Staat untersagt es nicht, den Körper eines Mannes oder einer Frau zu malen, selbst wenn sie nackt sind. Man ist der Ansicht, daß es sich um eine kunstvolle Arbeit handele. Ebenso gibt es Statuen nackter Körper, die liegend, stehend oder in gebückter Haltung dargestellt und aus Stein, Eisen oder Bronze gefertigt sind. Männer wie Frauen geben sich der Malerei hin. Auch Frauen können den menschlichen Körper malen. Den Pinsel in der Hand, fixieren sie ihr Objekt, um es bestmöglich abzubilden. Wenn die Männer einen weiblichen Körper malen wollen, mieten sie eine schlank gebaute Prostituierte, die sich dann nackt hinlegen soll. Sie malen sie dann detailgetreu ab.«[136] Zhang überrascht die Anwesenheit von Frauen, sei es als Malerinnen oder als Aktmodelle. Zugleich ist er beeindruckt von der Gleichgültigkeit der Künstler gegenüber dem nackten Körper sowie von der kunstvollen Durcharbeitung der Akte als Gemälde oder als Plastiken.

Als Kunstwerke waren Skulpturen unbekleideter Körper in China zwar nicht völlig unbekannt. Liu Xihong ist allerdings schockiert, solche Statuen am Buckingham-Palast zu sehen, besonders eine, in der er die Königin Viktoria wiederzuerkennen vermeint. »Marmorstatuen gebückter oder stehender nackter Frauen sind öffentlich zu sehen. Bei Palästen und großen Häusern sieht man derartige Plastiken häufig vor der Tür. Es gibt sie auch an den Straßen. Ich glaube, der englische König hat hierzu die Initiative ergriffen.«[137] Es bleibt unklar, wie Liu zu dieser Ansicht kommt. Hartnäckig hält er die Akte für Darstellungen wirklicher Personen. Künstlerische, ästhetisierende Abstraktion sieht er nicht am Werk.

Durchweg begeistert sind die chinesischen Diplomaten vom Genre des detailgetreuen Stillebens. »Die europäische Malerei ist ungemein ausgefeilt«, bemerkt Zhang Deyi. »Die Maler benutzen Ölfarbe, keine Tinte. Sie zeichnen so sorgfältig wie möglich Gegenstände oder Personen. Manche Bilder kosten Dutzende von tausend Geldstücken.«[138] Und nach dem Besuch einer Gemäldeausstellung in Paris notiert Li Shuchang, in Europa habe man seit Jahrhunderten verstärkt Ölmalerei bevorzugt, Stiche hingegen vernachlässigt. Er schätzt vor allem die Nuancen in den Tönen der Landschafts- und Porträtmalerei. Hier gelinge es, »Schatten und Stimmungen abzubilden«.[139] Die lebhaften Farben und Lichtverhältnisse der Landschaften und Porträts bei Rembrandt, Raphael und Michelangelo faszinieren Guo Songtao. Vor einem riesigen Wandgemälde zum preußisch-französischen Krieg glaubt sich Xue Fucheng selbst auf dem Schlachtfeld, ungläubig berührt er die Wand, um sich zu vergewissern.

Guo Songtao und Xue Fucheng fällt auf, daß sich die Bilder oft von der Geschichte des Christentums inspirieren lassen. Der eine beobachtet neutral, daß die Arbeiten im wesentlichen Mythen und Geschichten des Alten Testaments zum Gegenstand haben, während der andere bedauert, daß die Meisterwerke das Leben Jesu ins Zentrum rückten.

»Was die Europäer jedoch lieben, sind Bilder der ›Mutter‹ und der Apostel Jesu. Ich sehe daran nichts Besonderes. Auch wenn man sie in den verschiedensten Situationen und mit großer Sorgfalt malt, sieht man doch zu oft dasselbe. Hingegen könnten Landschaften, Porträts und Blumenstilleben wirklich jedermann erfreuen.«[140] Beim Besuch des Museums Borghese bemerkt er, daß sich in Italien viele Werke großer Meister in den Kirchen befinden. »In Rom lebt der Papst, und bei jedem Bau eines Gotteshauses gab die Kirche viel Geld aus, um Meisterwerke zu kaufen. Aus diesem Grund besitzt die Stadt die meisten und wunderbarsten Gemälde und ist ein Zentrum der europäischen Eliten geworden. Heutzutage bleiben englische und französische Maler immer ein bis zwei Jahre in Rom, um ihre Techniken zu perfektionieren. Denn hier gibt es wirkliche Meisterwerke zu kopieren.«[141] Das Bedauern Xue Fuchengs über die häufigen Darstellungen biblischer Szenen ist Ausdruck des chinesischen Antichristianismus gegen Ende der Qing-Dynastie. Dennoch bleibt Xue Fucheng empfänglich für den Zauber der westlichen Malerei.

Nach Ausstellungsbesuchen beginnen die chinesischen Gelehrten zwischen den Charakteristika der europäischen und der chinesischen Malerei zu unterscheiden. In Madrid entdeckt Li Shuchang im Museum für moderne Kunst wunderbare Bilder, und er bedauert, sie nicht kaufen zu können. Nach der detaillierten Beschreibung einiger von ihm besonders geschätzten Arbeiten stellt er fest:

«Im Gegensatz zu den chinesischen Malern, die nicht die Einzelheiten der Gegenstände erfassen, bemühen sich die europäischen Künstler darum, beim Malen einer Landschaft oder eines Porträts eine vollendete Ähnlichkeit zu erreichen. Meine Beschreibungen all dieser Bilder können nicht ihr wunderbares Wesen wiedergeben, denn wie Zhuangzi sagte, es kann nicht gelingen, mit einem abstrakten Begriff den konkreten Gegenstand wiederzugeben, auf den er sich bezieht.«[142]

Wenn bei Li Shuchang die unterschiedlichen Konzeptionen chinesischer und europäischer Malerei angedeutet werden, so werden sie von Xue Fucheng ausführlich analysiert, und zwar nach seinem Besuch des Museums Borghese. Er stellt fest, daß die Ästhetik eines chinesischen Gemäldes abstrakter ist, während ein europäisches die Natur in wunderbarer Getreue zu kopieren vermag:

»In China hat sich die Malerei vor Tausenden von Jahren entwickelt. Doch man legte nur auf die Verdichtung der Seele wert und vernachlässigte die Form. Gleichgültigkeit und Oberflächlichkeit ihr gegenüber sind jene Prinzipien. Ni Yunlin (1306–1374) und Tang Buohu (1470–1523) zum Beispiel zeichneten als chinesische Maler und Dichter nur mit schwarzer Tinte, um die Verdichtung der Seele abzubilden. Das nennt man Eleganz. Andere Beispiele: Wenn Wang Shigu Landschaften malte oder Yun Nantian Blumen, suchten sie den tiefen Geist der Dinge zu erfassen und deren wirklichen Charme, auch wenn sie Farben benutzen. Oft sind ihre Bilder der Phantasie entsprungen. Die Europäer hingegen bilden in ausgezeichneter Weise die Wirklichkeit ab. Früher hat es keine besondere Malerei gegeben, aber vor vierhundert Jahren hat der italienische Maler Raphael die Technik der Proportionen erfunden. Klar und unklar, nah und weit, hell und dunkel, konkav und konvex, alles ist derart genau wiedergegeben, daß man auf einem Gemälde die verschiedenen räumlichen Ebenen unterscheiden kann. Aus einigen Dutzend Schritten Abstand hat man den Eindruck, wirkliche Gebirge, Flüsse, Personen, Gebäude oder Wälder zu sehen. Alle Seiten und Tiefen sind unterschieden, die Landschaften sind ungemein vielschichtig wiedergegeben. Diese Maler waren selbst in der Lage, die Lichtverhältnisse, die Wolken, die Formen des Wassers und des Feuers zu malen. Man muß nahe herangehen um festzustellen, daß es sich um ein Bild handelt. Die chinesischen Maler haben dieses Niveau nicht erreicht. Sie müßten diesen Weg erst noch erkunden.«[143]

Die chinesischen Diplomaten interessieren sich sehr für die Idee, Kunstwerke öffentlich auszustellen, eine im Reich der

Mitte kaum entwickelte Form des kulturellen Lebens. Inmitten der vielen Exponate entdecken sie, daß es sich beim europäischen Realismus nicht, wie Xue Fucheng anfangs noch dachte,[144] um einen Stil oder eine Schule unter anderen handelt, sondern um eine entwickelte Technik in der westlichen bildenden Kunst, auf deren Grundlage sich erst die verschiedenen Stilrichtungen entwickeln. Der Literaturkritiker Zhu Guangqian (1897–1988) geht später noch weiter, indem er die Kunsttheorie Lessings darstellt und kommentiert, wobei er die chinesische Malerei und deren abstrakte künstlerische Konzeption[145] wiederentdeckt: »Lessing denkt, daß die Malerei die Natur kopiert und daß die Schönheit der Bilder von der Schönheit der Natur stammt. Die Chinesen hingegen erklären, daß die Malerei keinen Gegenstand, sondern ein Gefühl wiedergebe. Es sei kindisch, bloß eine oberflächliche Ähnlichkeit herstellen zu wollen. Lessing erklärt, daß die Malerei einen gegebenen Moment festhält und daß das raffinierte Ideal der griechischen Skulptur Stille und Ruhe sei. Demgegenüber besteht das erste der sechs Prinzipien der chinesischen Malerei gerade in der ›Lebendigkeit des Eindrucks‹.

Der chinesischen Tradition zufolge steht die ›gebildete Malerei‹ immer in hohem Ansehen, während die ›akademische Malerei‹ nicht geschätzt wird. Die erstere steht der Poesie nahe und bildet mehr ein Gefühl als einen Gegenstand ab. Sie verschmilzt den Eindruck mit dem Gefühl und lehnt die bloße passive Wiedergabe eines äußeren Eindrucks ab.«[146]

Tatsächlich gehen Theorie und Praxis der europäischen Kunst weit darüber hinaus. Doch die Techniken, welche die Chinesen in Erstaunen versetzen, bleiben ihre Grundlage.

Theater, Bälle, Gesellschaften, Museen und Ausstellungen interessieren die Chinesen zum einen als soziale kulturelle Einrichtungen, die zum Teil im Bereich der Freizeit, des Vergnügens, des Genusses angesiedelt sind. Der kulturelle Gegenstand selbst bleibt ihnen entweder wie beim Theater aus mangelnder Sprachkenntnis verschlossen, oder er eröffnet Wege zu weiterer Überlegung wie in der bildenden Kunst. In beiden Fällen bleibt die Beobachtung nicht in selbstgefälligem Exotismus stecken, sondern geht zur Analyse über, die auch technische Überlegenheit anerkennt. Und teilweise bezeugen die Berichte auch die ungenierte Freude, am Vergnügen des unbekannten gesellschaftlichen Ereignisses teilzunehmen.

Liebe und Ehe, Familie und Verwandtschaft

Die Diplomaten werden damit konfrontiert, daß sich die Grundlagen der Beziehungen zwischen den Geschlechtern und den Generationen in Europa erheblich von denen in China unterscheiden. Dieser Bereich zielt auf den Kern jedes anthropologischen Interesses. Entsprechend eingehend werden die Stellung der Frau, Ehe und Heiratsstrategien sowie die Verwandtschaftsverhältnisse in Europa analysiert und beschrieben, insbesondere dort, wo sie sich von den chinesischen Verhältnissen unterscheiden.

Die Stellung der Frau

Im traditionellen China wurden die Frauen von ihrer Geburt an als Menschen geringeren Wertes angesehen und behandelt. Man beachtete sie nicht, und sie nahmen nicht am gesellschaftlichen Leben teil. Wie die Chinesen in Europa feststellen, ist dort beides völlig anders. Die Frauen erscheinen in der Öffentlichkeit, es herrscht das Prinzip »Ladies first«. Den Regeln westlicher Umgangsformen und der Stellung der Frauen im gesellschaftlichen Leben widmen die Diplomaten viel Aufmerksamkeit. Denn nach chinesischer Überlieferung beschränkt sich die Aktivität der Frau in der Regel aufs Innere des Hauses, und die Diplomaten teilen diese Sicht ganz unbefangen. Eines Tages fragt der Dolmetscher der chinesischen Botschaft in England, Bowen, einen Angestellten Liu Xihongs: »Warum dürfen in China die Frauen nicht aus dem Haus gehen und müssen sich einschließen, obwohl sie doch auch menschliche Wesen sind?« Liu gibt seinem Untergebenen die richtige Antwort ein: »Warum hast du ihn nicht gefragt, warum die Brust sich vorne und der Rücken hinten befinden, obwohl beide Teile desselben Körpers sind? Weil die Brust die Yang-Seite ist und der Rücken die Yin-Seite. Der Kopf und mein Unterbauch sind auch beide Teile meines selben Körpers, aber warum ist ersterer frei und letzterer bedeckt?« Liu zufolge hat sein Untergebener anderntags Bowen diese Antwort wiedergegeben, der sich recht bestürzt zeigte.[147]

Nach chinesischem Brauch dürfen sich Frauen nicht in der Öffentlichkeit zeigen, und die Vorstellung, Frauen im gesellschaftlichen Leben einen bevorzugten Platz einzuräumen, ist den chinesischen Männern völlig fremd. Wie sollen sie sich also in europäischer Gesellschaft Frauen gegenüber verhalten? Zhang Deyi beobachtet während der Banketts aufmerksam die Regeln des gesellschaftlichen Umgangs und Verhaltens. Zwar sollte die gleiche Anzahl an Männern und Frauen eingeladen werden, doch ein oder zwei Männer in der Überzahl gehören zum guten Ton; damit soll vermieden werden, daß Herr A Frau B und Herr B Frau A begleitet. Es ist Aufgabe des Gastgebers, jedem Gast einen Begleiter zuzuweisen. Die Gäste können sich ihre Partner nicht aussuchen. Weiter notiert Zhang Deyi, daß die Männer die Frauen mit dem rechten Arm führen, nicht mit dem linken. Die Rechte stelle nämlich die höhere, überlegenere Seite dar. Daß Frauen respektiert werden und sich keine vernächlässigt fühlen soll, gehört zum guten Anstand. Zhang Deyi ist von diesen Regeln des höflichen Benehmens gleichermaßen verwirrt wie fasziniert. Alles, von der Wahl der Gäste über die Sitzordnung bis hin zur Zahl der eingeladenen Männer ist nach diesem Prinzip der Höflichkeit kalkuliert. Er stellt ebenfalls fest, daß nur ältere Personen und Frauen es sich erlauben dürfen, mit Verspätung zu einem Diner zu erscheinen.[148] Eine solche Hierarchie stimmt mit der chinesischen nicht überein, wo den Ältesten die höchste Achtung zukommt, Frauen hingegen ganz hinten rangieren, wenn sie überhaupt am selben Tisch wie die Männer Platz nehmen dürfen.

Der europäische Lebensstil interessiert Zhang Deyi besonders in bezug auf die Frauen. Ausführlich berichtet er über eine ganz alltägliche Promenade, um zu demonstrieren, wie sehr die Frau in Europa geachtet wird. Begegnet bei diesem Anlaß ein Herr einer Dame, müsse er warten, bis diese sich etwas verbeugt habe oder mit dem Kopf ein Begrüßungszeichen erkennen lasse. Habe er sie nur ein einziges Mal gesehen, genüge es, wenn er zur Begrüßung mit der Hand seinen Hutrand berühre. Kreuzten sich in einem öffentlichen Park ihre Wege, müsse der Mann der Frau den Vortritt lassen. Und bei einer Promenade auf engem Weg gehe die Dame vor dem Herrn.[149] Hinzu kommen weitere, der chinesischen Tradition entgegengesetzte Verhaltensmaßregeln, so etwa die von Männern zu wahrende Diskretion gegenüber Frauen.

Doch auch im Europa des 19. Jahrhunderts werden die Frauen auf den privaten Raum verwiesen.[150] Sie übernehmen mehr als je zuvor die Rolle der Hausherrin. Wie in China erfüllen sie im öffentlichen Leben keine eigenständige Funktion, von wenigen Ausnahmen wie einer Kaiserin oder einer Königin abgesehen. Doch während sie in China auf den Innenbereich des Hauses beschränkt sind, können und müssen die Frauen in Europa eine weit größere Rolle in den Außenbeziehungen des privaten Bereichs spielen. In dieser Funktion treten sie dann in der Tat auch öffentlich in Erscheinung. Sie sind verantwortliche Bindeglieder des privaten und gesellschaftlichen Lebens der Familie und des Haushalts. Es obliegt der Hausherrin, die gesellschaftlichen Beziehungen zu organisieren. Die von Zhang Deyi festgehaltenen vielfältigen Besuche der englischen Frauen untereinander stellen sich gleichermaßen als privat und als rituell dar. Ausführlich berichtet Zhang darüber, zu welchem Anlaß und auf welche Weise eine Dame welcher Person einen Besuch abstattet. Vorzugsweise besuche sie ihre Freundinnen vor und nach einer größeren Reise. Bei kürzerer Abwesenheit genüge es, wenn sie eine Karte schicke. Nach einer Einladung dürfe man nicht mehr als zehn Tage mit einer Annahme abwarten. Werde eine Dame zu Theater, Konzert, Abendgesellschaft oder Ausflug eingeladen, müsse sie am folgenden Tag die einladende Person besuchen.

Eine Braut müsse einen Monat nach der Hochzeit Eltern und Freunde besuchen. Zhang notiert aufmerksam, daß Damen häufig über Visitenkarten verfügten, die sie bei einer Freundin bei deren Abwesenheit hinterließen; daß solche Besuche ausschließlich zwischen Frauen stattfänden; daß die Ehemänner ihre Frauen dabei normalerweise nicht begleiteten.[151]

Zhang Deyi analysiert diese Umgangsformen der Frauen der englischen Oberschicht auf dieselbe Weise wie heutige Sozialhistoriker. Diese halten wie er die vielfältigen Möglichkeiten beziehungsweise Verpflichtungen der gesellschaftlichen Besuche fest – solche der »Digestion« im Anschluß an ein Diner oder einen Ball, zu dem man eingeladen wurde; Höflichkeitsbesuche, die dreimal jährlich stattfinden sollten; Glückwunschbesuche, etwa aus Anlaß einer Hochzeit; Kondolenzbesuche, zeremonielle Besuche, Abschieds- und Rückkehrbesuche vor und nach einer Reise und viele weitere Anlässe.[152] In der Tat reproduziert sich das gesellschaftliche Leben mit Hilfe der und für die Frauen der Gesellschaft. Die Mädchen aus besseren Kreisen müssen, um diesen Aufgaben des privaten sozialen Lebens gerecht werden zu können, in die Feinheiten des gehobenen Lebensstils und in die Kunst der Unterhaltung eingewiesen werden. Damit stellen sie dann in den Salons ihrer Mütter besondere Anziehungspunkte dar. Zhang Deyi nimmt an einer Abendgesellschaft teil, die eine Familie von Rang für eine heranwachsende Tochter organisiert, und dabei zieht er Erkundigungen über die Erziehung der Mädchen der besseren Gesellschaft ein:

»18. Mai 1877. Schönes Wetter, kalt. Um neun Uhr abends begleiten Feng Kuijiu, Liu Hebuo und ich Seine Exzellenz Guo zur Nr. 48 Door Queens, um an einem von Frau Li Lige aus Anlaß des fünfzehnten Geburtstags ihrer Tochter Li Lisi (beide Namen in phonetischer Umschrift) organisierten Ball teilzunehmen. Die Tochter hat gerade ihre Schulausbildung beendet. Es ist dies nicht nur eine Gelegenheit, ihre Verwandten und Freunde zu sehen, sondern auch Söhne aus guten Familien kennenzulernen, um einmal einen von ihnen zu heiraten.

In der Hauptstadt gehen die Mädchen aus guter Familie bis zum Alter von sechs oder sieben Jahren in die Schule. Dann werden sie aufs Land oder ins Ausland geschickt, um eine Fremdsprache, Geographie, Geschichte und Künste wie Musik und Malerei zu lernen. Sie kommen erst Jahre später wieder zurück, wenn sie kultiviert sind.

Das Haus prächtig und hell erleuchtet. Hunderte von Besuchern waren anwesend. Die Musik war ohrenbetäubend. Man tanzte ein Dutzend Mal. Wer mit Lisi tanzen durfte, fühlte sich bevorzugt. Wir kehrten um ein Uhr morgens wieder heim.«[153]

Und noch eine weitere Beobachtung hält Zhang Deyi fest: »Wenn die Mädchen in Europa das Alter von zwanzig Jahren erreicht haben, können sie mit dem Schiff oder dem Wagen ohne Begleitung eines Dieners oder einer Dienerin weit verreisen. Die Eltern können sie daran nicht hindern. Offenbar ist dies vor allem in England, Deutschland, Dänemark, Holland, Italien und Schweden verbreitet.«[154]

Eine Tochter aus gutem Hause muß also eine Reihe von Kenntnissen erwerben und weltläufig werden. Erst nach einer solchen Erziehung ist sie reif zur Heirat. Zugleich sind die Kenntnisse und ihre Aneignung, sei es durch Unterricht oder Bildungsreise, Konversationsthemen in den Salons. Auch dies verhält sich in China völlig anders. Hier ist eine talentierte Frau nicht gerade gut angesehen und hätte noch nicht einmal Gelegenheit, ihr Können zu zeigen. Nach den traditionellen Werten »ist eine Frau ohne Talent tugendhaft«. Deshalb beobachtet Zhang Deyi die europäische Mädchenerziehung besonders aufmerksam, deren Ziel es gerade sei, die Intelligenz der Frauen zu entwickeln und derart zum Vorschein zu bringen, daß sie ihre Männer unterhalten und das Gesellschaftsleben animieren können.

Dieser Unterschied führt zu Verwicklungen, wenn beide Welten aufeinanderstoßen. Macartney erinnert sich, daß die Frau von Guo Songtao entsprechend den chinesischen Vorstellungen des gesellschaftlichen Benehmens während ihres ganzen Aufenthalts in England völlig zurückgezogen lebt. Es erscheint ihr schwer möglich, am gesellschaftlichen Leben teilzunehmen, das so sehr den chinesischen Sitten zuwiderläuft. Eines Tages gibt Guo Songtao Zhang Deyi den Auftrag, Einladungskarten zu einer Tea Party im Namen von Frau Guo drucken zu lassen. Zhang gelingt es, seinen Vorgesetzten von dieser revolutionären Initiative abzubringen.

»Sicher, nach europäischem Brauch sind die Einladungen zu Tea Party oder Ball von der Gastgeberin gezeichnet. Doch in diesem Fall muß der Herr Botschafter sich dem nicht fügen [...]. Denn wenn im Westen die Dame die Einladung zeichnet, verletzt das hier nicht die Regel des Systems; gelangt dieses Einladungsschreiben aber nach China, wird es sofort auf Widerstand stoßen.«

Guo Songtao gibt schließlich seine Idee auf.[155] Doch wenig später läßt er einen Empfang in der Botschaft organisieren, und zwar in seinem und im Namen seiner Gattin. Das Erscheinen von Frau Guo in der Gesellschaft findet in der Presse sofort Aufmerksamkeit. »Es ist das erste Mal, daß eine chinesische Dame mit den eingeladenen Frauen und Männern in der Öffentlichkeit auftritt«, schreibt etwa ein Journalist in der »Times«. Der »Shenbao« berichtet ebenfalls sofort über diese Angelegenheit und hebt hervor, daß während eines Empfangs durch die Gesandtschaft »die Frau des Botschafters am Tisch saß. Sie aß und trank an diesem Abend in Gesellschaft nicht nur der Damen, sondern auch der Herren.« Um Guo Songtao vor Verleumdungen zu schützen, muß Macartney die Nachricht in »Shunpo« dementieren. Frau Guo sei während des Diners nie bei Tisch aufgetreten und habe selbst die Damen nicht in ihrem Apartment empfangen. Eine Denunziation durch das Botschaftsmitglied Zhang Peilun erreicht den kaiserlichen Hof trotz des Versuchs Macartneys, das Schreiben abzufangen. Liu Xihong wirft in seinem Bericht Guo dessen Klagen darüber vor, seine Frau nicht den europäischen Benehmensregeln entsprechend am gesellschaftlichen Leben teilnehmen lassen zu können, sie etwa ins Theater auszuführen. Guo selbst berichtet in seinem Tagebuch nie über diese Affäre, um die derart viel Aufhebens gemacht wird. Allerdings ist seine Frau seitdem gezwungen, den Empfängen und Banketten fernzubleiben. Erst kurz vor seiner Abreise aus London hat die englische Königin Gelegenheit, auf ihrem Landsitz bei einem Abschiedsbesuch Guos die Bekanntschaft seiner Frau zu machen. Als die Königin ihr Bedauern zum Ausdruck bringt, Frau Guo nicht zuvor begegnet zu sein, erklärt diese, daß es den Frauen in China untersagt sei, an einer kaiserlichen Audienz teilzunehmen. Nach ihren Aufzeichnungen zeigen sich die Engländer bei ihren Empfängen sehr aufmerksam. Da sie annehmen, daß Chinesinnen sich wegen ihrer bandagierten Füße nur mit Mühe bewegen können, bitten sie sie, sich auf einem Sessel in einem Saal zu setzen, während sie Guo Songtao den Palast besichtigen lassen.

Behutsam verändert sich jedoch die Mentalität der chinesischen Diplomaten. Zeng Jize etwa nimmt ab und zu seine Frau und seine Tochter mit ins Theater oder auf Besuche, ohne daß er hierfür Kritik auf sich zöge. Dennoch gewöhnen sich die chinesischen Gebildeten nur schwer an die gesellschaftliche Stellung der Frau in Europa. Xue Fucheng versucht, hierfür eine historische Begründung zu finden. Er vermutet, daß die Emanzipation der Frau auf die Herrschaft Ludwigs XIV. zurückgeht:

»Ich glaubte, daß in Europa die Gleichheit der Geschlechter bis in die Antike zurückreicht. Doch tatsächlich ist das nicht richtig. Ich habe erfahren, daß vor drei- oder vierhundert Jahren der König von Frankreich die Umgangsformen für Frauen mit der Absicht lockerte, sein Land zu stärken. Die anderen europäischen Länder folgten dann seinem Beispiel.

Vorher waren die Regeln für Frauen in Europa genauso streng wie in China. So durften Männer und Frauen nicht am selben Tisch zusammen essen, und die Töchter durften das Haus nicht verlassen.

Der König von Frankreich meinte nun, man müsse die Bevölkerung wachsen lassen, um die Stärke des Landes zu vergrößern. Man müsse folglich den Nutzen der Frauen verbessern. Zu diesem Zweck erschien die Reduzierung der Anstandsregeln und die Aufhebung von Tabus erstrebenswert. Derart wurde ein Sittenwandel als eine politische Entscheidung getroffen. Anfangs wurde sie nur unmerklich durchgesetzt. Nach und nach verbreiteten sich die neuen Sitten, und man erkannte an, daß die Frauen den Männern nicht unterlegen waren. Im Krieg lieferten die Frauen den Männern im Kampf vielfältige nützliche Hilfsmittel, und in den Studien waren die Männer scharfsinnig, während die Frauen kaltblütig blieben. Auf diese Weise wurde aus einem Land mit einer Million Einwohnern eines mit zwei Millionen, und ein Land mit zehn Millionen Bürgern würde eines von zwanzig Millionen [...].

Die Anwendung dieser Politik zeigte beträchtliche Resultate. Die anderen europäischen Länder und die Vereinigten Staaten übernahmen das Modell. Heute meinen die Völker der Welt, daß es sich um natürliche Sitten handele, vergessen dabei, woher sie stammen, und machen sich über die chinesischen Bräuche lustig.«[156]

Natürlich fragt man sich, was die Quelle dieser merkwürdigen historisierenden Darstellung sein mag. Tatsächlich ist an der Darstellung so ziemlich alles falsch. Doch die argumentative Strategie von Xue Fucheng tritt deutlich hervor. Er möchte zeigen, daß die Frauen auch in der europäischen Tradition – bis zu einer königlichen und daher unanfechtbaren, aber dennoch »künstlichen« Entscheidung – einen niedrigeren Rang einnahmen als die Männer und im öffentlichen Leben keine Rolle spielten. Doch habe der politische Entschluß zur Befreiung der Frau zur militärischen Stärkung der europäischen Länder geführt. Mit dieser Behauptung lindert Xue Fucheng das Unbehagen, das die Stellung der europäischen Frau ihm bereitet. In den Berichten der übrigen Diplomaten drückt sich schließlich eine Irritation über grundlegendere Strukturen aus. Die Frauen nehmen eine besondere und geachtete Position im gesellschaftlichen Leben ein, und sie tragen die Verantwortung für die gelungene Verbindung zwischen Familie und Gesellschaft und damit für die dynastische Selbstdarstellung und zum großen Teil auch für den sozialen Erfolg. Andererseits bleibt der Bereich der politischen, geschäftlichen, wirtschaftlichen, militärischen und kulturellen Macht und Entscheidungsbefugnis eine Domäne, die allein von Männern besetzt ist.

Heiraten in Europa

Jedes ethnologische oder anthropologische Interesse an einer fremden Kultur konzentriert sich auf Heiratsstrukturen und -strategien. Das ist auch bei den ersten chinesischen Diplomaten in Europa offenkundig. Hier interessiert sie besonders das Verhältnis zwischen den Ehekandidaten, das zugleich auf wechselseitiger Zuneigung und Klassen- beziehungsweise Eigentumsentsprechungen beruht. Der ungehinderte Kontakt, die ungezwungene Äußerung von Gefühlen, vor allem die »freie« Heirat, all das entspricht in keiner Weise den traditionellen chinesischen Umgangsformen. Die Chinesen sind es nicht gewohnt, daß sich Frauen in der Öffentlichkeit zeigen, und noch weniger, daß eine Frau und ein Mann ihre Zuneigung vor anderen Menschen bekunden. Binchun etwa wird auf dem Schiff nach Europa vom Charme entsprechender Szenen eingefangen:

»Die Europäer sind oft vornehm und von ausgesuchtem Stil. Die Frauen sind schön. Ihre Kleidung ist modisch und gepflegt. Morgens gehen sie auf die erste Schiffsetage und legen sich auf einen Rattansessel. Ihre Gatten begleiten sie und gehorchen ihnen wie Hausdiener. Zweimal täglich gehen sie mit ihren Frauen nach den Mahlzeiten Arm in Arm spazieren. Wenn sie ermüdet sind, belegen sie zwei Liegestühle nebeneinander und tuscheln wie zwei Schwalben auf einem Balken oder wie Enten, die ihre Flügel einziehen. Sie sind in ihrer Art derart unschuldig und natürlich, daß es sie gar nicht stört, wenn man sie wahrnimmt.«[157]

Die unschuldige und natürliche Art der jungen Liebenden schockiert den alten Binchun nicht. Ihn amüsieren die untergehakten Paare und die öffentlichen Zurschaustellungen von

Zuneigung. Liu Xihong hingegen ist vom öffentlichen physischen Kontakt zwischen Mann und Frau im viktorianischen England frappiert.

»Die europäischen Frauen gehen gerne aus und treffen auch gerne Männer. Aber sie sind immer von ihren Ehemännern begleitet. Die Frauen aus guter Familie suchen nur selten Freunde auf, wenn ihre Gatten abwesend sind. Wenn man auf der Straße einen Mann einer Frau seinen rechten Arm anbieten sieht, damit sie ihren linken Arm einhakt, handelt es sich oft um ein Paar. Es kommt auch vor, daß Freunde sich unterhaken. Auch ist ein Gatte durchaus damit einverstanden, wenn seine Frau am Arm eines Freundes geht. Derart schätzt er den Respekt seiner Frau gegenüber. Ein Gast wird immer an der Seite der Gattin des Gastgebers plaziert, als Zeichen der Gastfreundschaft. Beide flirten miteinander ohne Angst, den Ehemann zu verärgern, aber auch ohne Ehebruch zu begehen.«[158]

Die chinesische Tradition untersagt jeden außerehelichen Kontakt zwischen Mann und Frau, deshalb ist es für einen Chinesen unvorstellbar, beide nicht nur zusammen, sondern auch noch untergehakt in der Öffentlichkeit spazierengehen zu sehen, vor allem, wenn sie kein Paar sind. Gefühlsbezeugungen, Freundschaft oder Liebe zu zeigen wird als unschickliches, leichtfertiges Verhalten angesehen. Um so aufmerksamer notieren die chinesischen Gelehrten, wie in Europa die Begegnung zwischen jungen Männern und Frauen als Vorbedingung für Liebe und Liebesheirat gesellschaftlich regelrecht organisiert wird, etwa auf familiären Bällen oder Abendgesellschaften. Li Shuchang macht sich folgendes Bild:

»Der Ursprung des Balls liegt im Bedürfnis der Männer und Frauen, sich zu begegnen. Auch in Europa holen die jungen Leute die Erlaubnis ihrer Eltern zur Heirat ein, aber sie wählen selbst ihre zukünftigen Ehepartner aus. Wenn eine Tochter ins heiratsfähige Alter kommt, haben ihre Eltern die Verpflichtung, ihr zu Ehren einen Ball zu organisieren, zu dem Familienangehörige, Freunde und Bekannte eingeladen werden; oder sie müssen ihre Tochter auch noch zu einem von einer anderen

Familie organisierten Ball ausführen. Es kommt vor, daß in einem Jahr um hundert solcher Bälle in London organisiert werden.«[159]

Bei dieser Gelegenheit entdecken die chinesischen Gäste, auf welche Weise sich die jungen Menschen begegnen, und registrieren die relative Freiheit ihrer Heirat. Zhang Deyi bemerkt hierzu, daß die auf solchen Abendgesellschaften gebotene Gelegenheit zur ungezwungenen, freien Begegnung wesentlich zur Begründung glücklicher Ehegemeinschaften beiträgt.

»Die Europäer lieben ein Leben in Luxus. Den Reichen macht es Freude, immer neue Bekanntschaften zu machen. Selbst eine weniger begüterte Familie bemüht sich, gesellschaftliche Beziehungen zu knüpfen, damit ihre Kinder sich Freundschaften erschließen, wenn sie ein gewisses Alter erreicht haben. Ein Junge kann ein Mädchen besuchen, aber auch ein Mädchen kann die Initiative ergreifen. Das ist die Grundlage der Heirat. Die Jungen und Mädchen beobachten sich gegenseitig aufmerksam, um zu sehen, ob sie sich gefallen und sich verstehen. Nur wenige bleiben melancholisch abseits im Schatten. Für einen solchen Abend muß man mindestens einhundert Pfund ausgeben. Die Höchstsumme erreicht sechs- bis siebenhundert Pfund, was zweitausendvierhundert oder fünfhundert Unzen Silber entspricht.«[160]

Zhang Deyi ist zunächst davon beeindruckt, welchen Wert die Europäer auf die Gefühlsharmonie in einer Ehe legen; weiterhin davon, daß ein Mädchen von sich aus initiativ werden kann, wenn es eine Zuneigung für einen Jungen verspürt. Und schließlich bekundet er ein lebhaftes Interesse für die Freiheit der Heirat sowie für die Art und Weise, wie sich ein Junge einem Mädchen nähert. Bei der Beschreibung des Verlobungsprozesses ermißt er insbesondere die Handlungsperspektive der Frau:

»Die Engländer haben die Freiheit der Heirat. Doch bis zum Alter von zwanzig Jahren müssen die Töchter ihren Eltern gehorchen. Wenn ein Mädchen einem Jungen gefällt, lädt er es ins Theater, zu Abendgesellschaften oder zu Ausflügen ein.

Aber er ist verpflichtet, immer auch die Mutter des Mädchens mit auszuführen. Dadurch trennen sich Mutter und Tochter nie. Wenn der Junge das Mädchen besucht, muß er auch die Mutter besuchen und dem Vater eine Besuchskarte hinterlassen. Ist er abwesend, kommt er von einer Reise zurück oder möchte er der Tochter ein besonderes Geschenk machen, muß er davon ihre Mutter unterrichten.

Ab dem Alter von zwanzig Jahren hat eine Tochter das Recht, persönliche Gespräche zu führen, ohne daß ihre Eltern davon unterrichtet wären, und selbständig Verabredungen zu Ausflügen zu treffen. Die Eltern vertrauen ihr. Der Junge und das Mädchen pflegen eine Zeitlang Umgang miteinander. Wenn sie sich vollkommen verstehen, geben sie den Eltern Bescheid, besuchen beide Familien und unterrichten sich gegenseitig über den Stand ihrer jeweiligen Einkünfte. Halten sie diese jeweils für angemessen, heiraten sie einander.«[161]

Zhang Deyi stellt erstens die europäische Konvention heraus, daß eine junge Frau ab einem bestimmten Alter frei Kontakte zu jungen Männern knüpfen kann; in China ist dagegen jeglicher Kontakt zwischen Mann und Frau untersagt, welches Alter auch immer die Frau haben mag. Zweitens legt er die Betonung auf die europäischen Regeln des Anstands, der Sitte, der Beaufsichtigung, aber auch der Selbstbeherrschung und -disziplinierung, die der Freiheit des Umgangs zwischen jungen Menschen der »besseren Gesellschaft« immerhin bestimmte Grenzen setzen.[162] Drittens beobachtet er, daß der soziale Status die freie Partnerwahl und die Gestaltung einer Liebesheirat ebenfalls deutlich beschränkt. Daß innerhalb dieses durch gesellschaftliche und familiäre Kontrolle sowie durch Verinnerlichung der Regeln gesetzten Raumes die Freiheit der Begegnung und die Entwicklung von persönlichen, intimen Gefühlen erwartet, gefördert und ausgeschöpft werden, bleibt für die chinesischen Beobachter fremd und erstaunlich – insbesondere, weil das System funktioniert.

In Paris besucht Zhang Deyi den britischen Attaché der chinesischen Mission, Bowra, der gerade geheiratet hat. Noch einmal geht Zhang ausführlich auf das elaborierte Heiratszeremoniell und seine Vorbereitung ein. Sie wird von einer Serie sich steigernder ritueller Praktiken geprägt: Begegnungen von Mann und Frau, Entstehen und Bestätigung von Liebesgefühlen, Absichtserklärungen gegenüber den Eltern, offizielle standesamtliche Trauung.

«Nach europäischem Brauch entscheiden Mann und Frau selbst über ihre Heirat. Vor der Eheschließung sind sie wechselseitig verliebt und unterhalten dieselben Beziehungen wie mit Freunden. Sie berechnen gegenseitig ihre jährlichen Einkommensverhältnisse und vergleichen, ob sie einander entsprechen. Dann erklären sie sich ihren Eltern und beantragen auf dem Standesamt das Aufgebot. Anschließend registriert dort ein Beamter, wer wen in wechselseitigem Einverständnis geheiratet hat. Der Junge verspricht, keine Zweitfrau zu nehmen, das Mädchen umgekehrt keinen zweiten Mann.«

Während Zhang Deyi betont, daß vor allem in England die jungen Menschen sich erst dann verehelichen, wenn die beiden wesentlichen Faktoren Zuneigung/Liebe und Einkommen übereinstimmen, hebt Guo Songtao das Moment des Vermögens bei der Heiratsplanung hervor. Nach seinen Erkundungen ist dies das wesentliche Fundament der Ehestrategie in England. Denn – so seine Erklärung – wenn ein Partner aus einer ärmeren Familie stamme, werde er nach der Hochzeit wie ein Dienstbote behandelt.[163] Zhang Deyi vermerkt, daß das Konkubinat in Europa untersagt sei, weil sich diese Regel von der chinesischen Tradition unterscheidet, die mehrere Ehefrauen für einen Mann legitimiert. So kommt Guo Songtao mit seiner Erst- und seiner Zweitfrau nach London, ohne Einwände seiner chinesischen Kollegen befürchten zu müssen.

Der feierlichste Moment einer Hochzeit wird in der Kirche zelebriert. »Am Tag der Trauung gehen die Jungverheirateten als erste in den Gebetssaal, treten vor den Pastor und nehmen den Segen des Herrn des Himmels entgegen. Der Pastor reicht jedem einen Ring, den sie jeweils auf den Ringfinger streifen, um sich von den Jungfrauen beziehungsweise von den Junggesellen zu unterscheiden.« Abgesehen vom sozialen Status entgeht Zhang Deyi die Ringsymbolik, oder sie bleibt für ihn ohne Interesse.[164] Das Hochzeitsmahl findet in der Familie des Bräutigams statt, wo Verwandte, Freunde und alle Teilnehmer der Zeremonie den »Hochzeitskuchen« teilen. Nach der standesamtlichen und der kirchlichen Trauung sowie der Familienfeier begeben sich die Vermählten auf Hochzeitsreise.

»Nach dem Bankett oder ein paar Tage später geht das Brautpaar auf eine Reise ins Ausland. Die Reichen können sich eine Reise von tausend oder zehntausend Meilen erlauben und bleiben auch durchaus ein oder mehrere Jahre fern. Die Armen begnügen sich mit einer mehrtägigen Reise im eigenen Land.«[165]

Wenn die chinesischen Beamten diese Einzelheiten der Hochzeitszeremonie betonen, dann nicht zuletzt deshalb, weil sie nichts mit der chinesischen arrangierten, vermittelten Heirat zu tun haben. Eine zumindest formale Gleichheit zwischen Mann und Frau, etwa seit ihrem Kennenlernen, ist nach chinesischen Kriterien undenkbar. Die Initiative der Partnerwahl liegt in China bei den Eltern, Verwandten und Vermittlern, nicht bei den jungen Menschen, und Liebe als Heiratskriterium rangiert weit hinter anderen. Auch kennt man in China weder die zivile noch die kirchliche Trauung. Die Hochzeitsriten finden im familiären Ahnentempel statt. Sie sind notwendig, damit eine eheliche Verbindung gesellschaftlich und rechtlich anerkannt wird. Die Hochzeitsreise als eine Art Bildungsreise des jungen Paares ist in China unbekannt und kommt auch in England und Frankreich erst um die Mitte des 19. Jahrhundert in Gebrauch. Es ist also kein Wunder, daß hier ein wirklicher Kulturschock erlebt wird. Xue Fucheng konstatiert, daß die Beziehungen zwischen Mann und Frau in Europa »exakt das Gegenteil unserer antiken Theorie der Unterstützung des Yang und der Unterdrükkung des Yin« seien und genau in die dem vom heiligen Konfuzius vorgeschriebenen Weg entgegengesetzte Richtung weise.[166]

Beziehungen zwischen den Generationen

Für die Chinesen ist die Filiation, also das gesamte familiäre Verhältnis zu den Eltern, Großeltern und Vorfahren und umgekehrt zu Kindern, Enkeln und Nachfahren, die wichtigste menschliche Beziehung. Die Liebe und der Gehorsam der Kinder gegenüber ihren Eltern und Vorfahren ist für die Chinesen der wesentliche, fundamentale Wert. Dementsprechend ist dies für die Diplomaten, ob sie nun Traditionalisten oder Modernisierer sind, das einzige Kriterium bei ihrer Beurteilung der menschlichen Beziehungen in Europa. Der Respekt den Eltern gegenüber wird als höchstes Gefühl geschätzt. Ein chinesischer Beamter kann bis zu drei Jahren Urlaub erhalten, um trauernd am Grab seines Vaters oder seiner Mutter zu wachen. Entsprechend berührt zeigt sich Zhang Deyi, als er den niederländischen König während des langen Begräbniszeremoniells für seine Mutter unermüdlich aufrecht stehen sieht. Er schließt daraus, daß »die Liebe der Kinder gegenüber ihren Eltern eine universelle Tugend« sei.[167] Hingegen hat er kein Verständnis dafür, daß in Europa die verheirateten Frauen nicht ihre Pflichten als Schwiegertöchter wahrnehmen. Damit wird in seinen Augen die Kindesliebe und -pflicht in Frage gestellt.

»Die Völker der ganzen Welt sind trotz aller körperlichen Unterschiede von derselben Natur. Die ändert sich in dem Maße, wie die gesellschaftlichen Sitten und Gebräuche dazwischentreten. Manche sind tugendhaft, andere unmoralisch. Einige sind weiser als andere.

Seit der Antike wird China gemäß dem Prinzip der kindlichen Liebe regiert. Überall findet man Vorbilder für Kinder, die ihre Eltern unterstützen, und für Frauen, die sich um ihre Schwiegereltern kümmern. Es kommt vor, daß einige nicht die Tradition achten. Doch wenn man sie fragt, wie es möglich sei, nach der Heirat von den Eltern getrennt zu leben und nicht mehr an die Ahnen zu denken, so können sie darauf keine Antwort geben.

Auch in Europa wird die Kindesliebe berücksichtigt. Aber

oft lebt ein junges Paar unabhängig und getrennt von den Eltern oder erinnert sich nicht mehr der Ahnen [...]. Sosehr sich auch die Europäer immerhin noch ihren Eltern gegenüber respektvoll benehmen, so wenig kümmern sich die Schwiegertöchter um ihre Schwiegereltern. Gleich nach der Heirat richtet sich das Paar woanders ein, um sich zu entfernen und Abstand zu halten. Fragt man sie nach dem Grund, sagen sie, das sei so Sitte. Wie schade das ist.«[168]

Für Zhang Deyi steht nicht das Verhältnis zwischen den Eheleuten im Vordergrund, sondern die Beziehung zwischen Schwiegertochter und Schwiegereltern. Dabei wirft er den Europäern ein mangelndes Gefühl der Dankbarkeit den Eltern gegenüber vor. In China werde »der Respekt gegenüber der väterlichen Autorität als die größte Pflicht angesehen, aus der sich alle anderen Pflichten ableiten«.[169] Entsprechend müsse »die Ehefrau im Dienst ihres Gatten sich um dessen Eltern kümmern«.[170] Ihre ganze Tugend bestehe im Respekt und im Dienst für ihre Schwiegereltern.

Die Achtung der Kinder gegenüber ihren Eltern ist als moralische Grundlage der Chinesen mit dem Ahnenkult verbunden. Je größer die Familie ist, desto verbreiteter ist der Respekt den Ahnen gegenüber. Die Generationenabfolge ist geradezu heilig. Der schlimmste Fluch, den man über jemanden aussprechen kann, besteht in der Verwünschung, keine Nachkommen zu bekommen. Allein die Konzeption der Empfängnisverhütung ist daher für die Chinesen des 19. Jahrhunderts geradezu pervers. Diese Idee ist für Zhang Deyi dermaßen abstoßend, daß er den Erfinder des Präservativs für verdammenswert hält. »Wie Mencius sagt, ist von den drei Verfehlungen der Achtung den Eltern gegenüber die schlimmste, keine Nachkommen zu haben. Leider wissen die Menschen hier das nicht. Es sind unverzeihliche Kriminelle. ›Der Erfinder wird keine Nachfahren haben‹, wie man sagt.«[171]

Welche Bedeutung man in China im Gegensatz zum Europa des 19. Jahrhunderts der Generationenabfolge beimißt, mag man auch an den Äußerungen von Liu Xihong und Xue Fucheng über freiwilliges Junggesellenleben ablesen. Liu zufolge bleiben in Europa Männer und Frauen unverheiratet, um in ungezwungener Libertinage zu bleiben.

»Wenn die Frau untreu ist, ist der Gatte wütend. Deshalb ziehen bestimmte Frauen, die Zwang verabscheuen, es vor, sich nicht zu verheiraten und statt dessen ein freies Leben zu führen. Auf diese Art bleiben viele Frauen ihr Leben lang Junggesellinnen. Aus demselben Grund, das heißt aus Angst, Gefangene einer Frau zu sein, verheiraten sich manche Männer nicht. Zwei Deutsche, die mich besuchten, Bai Oude und A Oude [Namen in phonetischer Umschrift], sind beide über fünfzig Jahre alt und reiche Männer. Als ich sie fragte, ob sie verheiratet seien, verneinten sie dies. Der Botschafter Frankreichs in China ist bereits 45 Jahre alt. Er ist jedoch immer noch nicht verheiratet. Wenn schon reiche Leute wie sie sich derart verhalten, wie muß das dann erst bei den Armen aussehen?«[172] In der Tat ist nach dem chinesischen Familienverständnis eine große Familie mit vielen Kindern ein Ausdruck von Wohlstand und Ansehen. Das erklärt aber noch nicht, was genau Liu derart in Erstaunen setzt. Hierzu kann man die Aufzeichnungen von Xue Fucheng zum selben Thema heranziehen:

»Unter den drei Verfehlungen der Kindesliebe ist die schwerste die, keine Nachkommen zu haben, sagt Mencius [...]. In Europa sind die Sitten anders. Es kommt oft vor, daß die Reichen sich nicht verheiraten. Vor ihrem Tod vermachen sie ihr Erbe der Kirche und ihren Freunden. Man beobachtet oft, daß ein Generalgouverneur oder ein Minister von über 60 Jahren alleine lebt oder eine hübsche junge Frau heiratet, aber nicht, um Kinder zu haben, sondern um sich zu zerstreuen. Ihnen ist es gleichgültig, wenn sie keine Erben haben, sie finden sie nicht nötig. Sie sagen, wenn man gestorben sei, werde man zu Nichts reduziert und habe auch keine Nahrung mehr nötig.«[173]

Nicht verheiratet zu sein bedeutet in den Augen unserer Chinesen in erster Linie also, keine Kinder und insbesondere keine (männlichen) Erben zu haben – ein für sie widernatürlicher Zustand. Die Ehe hat in ihren Augen keinen anderen Zweck, und das Ausbleiben von Kindern und insbesondere Jungen rechtfertigt gesellschaftlich vollauf, daß ein Mann sich eine Konkubine oder Zweitfrau nimmt. Liu Xihong bezeugt dasselbe Unverständnis gegenüber den Europäern, die ihr Vermögen nicht ihrer Familie, ihren Erben, sondern einem gemeinnützigen Zweck vermachen. Er berichtet über die Diskussion mit einem Engländer namens Armstrong zu diesem Thema:

»Die Europäer schenken der Frage der Nachkommenschaft keine große Beachtung. Vor ihrem Tod steuern sie mit ihrem Erbe zum Bau von Schulen oder Altersheimen bei. Nachdem sie derart ihr Vermögen aufgeteilt haben, bedauern sie nichts. Wenn ich sie frage, wem sie ihr Geschenk vermacht haben, antworten sie: ›Ich habe meinen Reichtum guten Zwecken geopfert, mein Bild wird möglicherweise Tausende von Jahren lebendig sein. Warum soll man also auf Ahnenopfer achten?‹ Wenn ich darauf mit Nachdruck antworte, daß die Ahnen sich doch ernähren müssen, sagt man mir: ›Daß die Geister der Toten nach Nahrung verlangen, ist eine absurde chinesische Meinung [...]. Und darüber hinaus, wenn meine Ahnen mir ein Leben gegeben haben, ich aber mit ihrem Reichtum Tausende und Abertausende von Menschen ernähre, zeigt sich daran nicht eine weit größere Achtung und Liebe gegenüber meinen Ahnen?‹ Ihre Überlegungen gleichen denen von Mo Di, der meinte, daß Menschen, die nur an ihre Nachkommen denken, kleingeistig seien. Wenn man das Familienvermögen einem Erben vermacht, dem es an Sohnesliebe mangelt, führt das ihrer Meinung nach in den Bankrott. Und selbst wenn man auf einen die Ahnen ehrenden Erben stößt, so kann man sich immer noch nicht der auf ihn folgenden Generationen sicher sein [...].

Doch die von unserem heiligen Konfuzius nachdrücklich vertretene Lehre der Kindesliebe gegenüber Eltern, Familie und Ahnen hat natürlich trotzdem ihren Sinn. Man kann nicht nur von öffentlichen Wohltaten reden und seine eigenen Verwandten darüber vernachlässigen.

Armstrong hat keine Kinder. Aus diesem Grund haben wir über das Thema gesprochen.«[174]

Die chinesischen Diplomaten können die westliche Gleichgültigkeit gegenüber Ahnen und Nachkommen nicht verstehen. (Allerdings muß man hinzufügen, daß sie auch relativ neuen Datums ist.) Umgekehrt machen sich Europäer über den chinesischen Brauch des Ahnenkults lustig. Sie ignorieren die Bedeutung der Opfergaben am Familienaltar. Xue Fucheng und Liu Xihong berichten, daß sie alle nach dem Nutzen fragen, den lange Verstorbenen Lebensmittel anzubieten. Knapp zwei Jahrhunderte zuvor waren Wissenschaftler wie Montesquieu noch sensibler. Montesquieu begriff die Strategie der chinesischen Gesetzgeber, das Reich zu beruhigen, indem sie auf die Unterordnung bauten, die auf der Achtung vor dem Vater basiert.

»Dieses Reich beruht auf dem Gedanken der Familienherrschaft [...]. Man streiche einen dieser Gebräuche, und man bringt den Staat ins Wanken.«[175] Mehr noch als Achtung und Unterordnung es vermögen, ist es eine ausgesprochen religiöse Haltung gegenüber den Ahnen, welche das Reich zusammenhält. In diesem Kontext finden auch die Opfergaben ihren Sinn. Die Chinesen, so erklärt Montesquieu, »setzen unendlich viele Riten und Zeremonien fest, um sie [die Väter] zeitlebens und selbst noch nach ihrem Tod zu ehren, und zwar anders als die noch lebenden Eltern. Die Zeremonien für die gestorbenen Eltern haben einen religiösen Zusammenhang, die für die lebenden beziehen sich auf die Gesetze, Sitten und Brauchtum.«[176]

Aus diesem Grund finden es die Chinesen geradezu unerträglich, daß die Opfergabe für die Ahnen durch eine für die Kirche ersetzt werde oder daß die Liebe für die Eltern hinter einer universellen Liebe zurückstehe.

Ebenso hält Xue Fucheng die Gleichheit zwischen den Generationen für einen absurden europäischen Brauch: »Man mag das vielleicht in gewisser Hinsicht noch der Hypokrisie in den Beziehungen zwischen Vater und Sohn in China oder den Streitereien zwischen Schwiegertochter und Schwiegermutter vorziehen. Doch hieße das zugleich auch, die enge Blutsverwandtschaft zu verwerfen und seine Eltern wie beliebige Passanten zu behandeln. Die Gesetze untersagen den Menschen, sich zu schlagen. Das gilt auch für den Vater, der seinen Sohn schlägt. Wenn man sich auf die Vorstellung einer allumfassenden Liebe ohne Unterschied stützt, wie es die abweichende Lehre des Mo Di vortrug, gelangt man in der Tat zu einer solchen Verwirrung der Dinge. Die Beziehung zwischen Vater und Sohn stünde dann in ziemlichem Gegensatz zum ›Weg‹ unseres heiligen Konfuzius.«[177]

Xue Fucheng bezieht sich auf das konfuzianistische Prinzip der grundlegenden menschlichen Beziehungen (Souverän/Untertan, Vater/Sohn, Ehemann/Ehefrau, Älterer/Jüngerer und Freund/Freund). Rigoros vertritt er die Position, daß die Vernachlässigung der Blutsverwandtschaft mitsamt dem Prinzip der Gleichstellung von Mann und Frau nichts anderes als Sitten und Gebräuche unzivilisierter Völker sein müssen.[178]

Die chinesischen Diplomaten stellen alle diese Gegensätze zur chinesischen religiösen und sozialen Tradition fest, halten sich jedoch in ihren Kommentaren deutlich zurück. Nur in der Frage des fehlenden Ahnenkultes gehen sie aus ihrer Reserve heraus. Ansonsten aber haben sie gegen den Respekt vor Frauen oder gegen die freie Heirat nichts Grundsätzliches einzuwenden, auch wenn dies in keiner Weise ihr eigenes Handeln beeinflußt. Allerdings verbergen sie nicht ihr geradezu intimes Gefühl des Unbehagens bei der Beobachtung, daß die jungen Menschen nicht bei ihren Eltern wohnen bleiben, daß die Schwiegertöchter gegenüber ihren Schwiegereltern nicht ihrer Pflicht nachkommen, daß den Europäern insgesamt ihre Nachkommenschaft recht gleichgültig ist – jedenfalls im Vergleich zu chinesischen Verhältnissen. Wie ist das alles möglich und erklärbar? Zhigang und Liu glauben, die Idee der Gleichheit aller Menschen vor Gott sei dafür verantwortlich, daß in Europa die Beziehungen zwischen einem Paar und innerhalb der Familie mehr freundschaftlicher als hierarchischer oder paternalistischer Art sind und da sich Autorität und Gewalt des Vaters und des Souveräns als relativ schwach erweisen. Zhigang geht noch weiter. Nach seinen Überlegungen steht die christliche Lehre von der Gleichheit der Menschen der konfuzianischen Doktrin entgegen und bedroht damit implizit das hierarchische System, welches die chinesische Gesellschaft beherrscht. Auch Xue Fucheng akzeptiert die dem Konfuzianismus widersprechenden europäischen Sitten nicht, die er ebenfalls dem Christentum zuschreibt. Daß es bereits wesentlich an Boden verloren hat, daß Europa sich in einem tiefgreifenden Säkularisierungsprozeß befindet, der alle Konfessionen erfaßt, vermögen die chinesischen Gelehrten nicht zu erkennen.

Gesellschaft und Politik

Die politischen Systeme, die Art, wie die Länder Europas regiert werden, und die Beziehungen der Souveräne zu ihren Untertanen stehen ebenfalls im Mittelpunkt des Interesses aller entsandten chinesischen Beamten. Vor allem das Prinzip der politischen Repräsentation erstaunt sie. Es ist dem Bild des chinesischen Kaisers, der seine Regierung beruft und kontrolliert, sowie der chinesischen Institutionen diametral entgegengesetzt. Die stecken gegen Ende der Qing-Dynastie in einer Krise. Dennoch hoffen einige der nach Europa geschickten Diplomaten, im Anschluß an ihre Mission in Europa eine lokale oder regionale Karriere machen zu können. Dieses Interesse bestimmt ihre Beurteilung europäischer Politik mit und prägt ihre Rapporte. Die Berichte sind alle in ähnlicher Weise aufgebaut. Zunächst beschreiben und analysieren die Autoren die Position der Herrscher in Europa. Dann gehen sie zum System der politischen Repräsentation oder des Parlamentarismus über, das einen Pluralismus der politischen Parteien – politische Parteien im heutigen Sinne waren gerade im Entstehen begriffen – beinhaltet. Sie suchen die Unterschiede zwischen den einzelnen repräsentativen Systemen zu verstehen. Manchmal hoffen sie, derart eine den chinesischen Verhältnissen angemessene politische Repräsentation bestimmen zu können. Nebenbei vermerken sie auch die Existenz sozialer Bewegungen und sozialistischer Programme in Europa. Allerdings erregt dieses Phänomen nicht ihre besondere Aufmerksamkeit.

Der Souverän

Die chinesischen Diplomaten kommen aus einem autokratischen Kaiserreich, dessen Chef als schier überirdischer Gott-Mensch wahrgenommen wird, der vom Nimbus des Geheimnisvollen und der Unnahbarkeit umgeben ist. Es liegt auf der Hand, daß sie davon schockiert sind, daß europäische Monarchen nicht heilig sind und nicht dermaßen entrückt vom Volk leben. Wieder ist im Wechselblick ein Bericht von Louis Lecomte aufschlußreich. »Der Kaiser begibt sich oft in die Tartarei, um sich dem Vergnügen der Jagd hinzugeben. Immer sieht es dabei aus, als wolle er ein neues Reich erobern. Er nimmt nicht weniger als 40 000 Männer mit.«[179] In Europa hingegen erscheinen die Souveräne unspektakulär in der Öffentlichkeit. Der König von Schweden empfängt eine chinesische Delegation in seinem Schloß, und die ist darüber erstaunt, ihm kein langes Leben wünschen und sich ihm auch nicht zu Füßen werfen zu müssen. Zhang Deyi hält das ebenso wie Zhigang für bemerkenswert. Man muß sich vor Augen halten, daß gleichzeitig das gesamte Personal der chinesischen Botschaft in London verpflichtet ist, am Neujahrsmorgen dem Kaiser zu huldigen, sich dreimal hinzuknien und sich neunmal in Richtung Norden niederzuwerfen. Es ist undenkbar, sich den Kaiser, den Sohn des Himmels, außerhalb der Verbotenen Stadt auf einem Spaziergang in einer Straße oder Gasse Pekings vorzustellen. Zhang Deyi notiert, daß die Prinzen in Europa im Alltagsleben und in der Öffentlichkeit nicht weiter auffallen. Man begegnet ihnen auf der Straße, ohne daß man sie erkennt. Ist das doch der Fall, grüßt man einander durch gegenseitiges Hutlüften oder knappes Verbeugen.

In Schweden ist Zhigang von den Berichten beeindruckt, die erklären, daß der König sich wie ein normaler Mensch verhalte. Wenn er auf die Jagd gehe, besuche er oft einfache Menschen, esse mit ihnen Käse und verteile Geschenke. Ein anderes Mal erfährt Zhigang, daß der Kaiser nur von einem Diener begleitet in Berlin ausgehe und die Passanten ihn schlicht mit dem

Hut grüßten. Zhigang zeigt deutlich seine Sympathie für diese Form des Umgangs zwischen Souverän und Volk.

Guo Songtao wird in London oft ins Theater eingeladen, und er ist dessen manchmal überdrüssig. Dennoch kann er eine solche Einladung nicht ausschlagen, denn »in diesem Land vergnügt sich selbst der Souverän zusammen mit seinem Volk. Der Souverän und das Volk nutzen die Gelegenheit, sich zu begegnen und miteinander Umgang zu pflegen.« Der brasilianische Präsident etwa wird während seines Besuchs in Frankreich in ein Konzert eingeladen. Auch Guo erhält eine Einladung. Und wieder einmal ist er davon beeindruckt, wie wenig sich der Unterschied des Rangs und der Position im gesellschaftlichen Verhalten zwischen Oberen und Volk ausdrückt. Das Erscheinen eines Souveräns zwischen anderen Zuschauern »ist in der Standesordnung unserer heiligen Religion nicht vorgesehen«.[180]

Li Shuchang berichtet, daß der König von Spanien ein besonderes Vergnügen daran finde, vor Lehrern, Schülern und Eltern den Beginn des Schuljahres anzukündigen, eine Museumsausstellung zu eröffnen, mit anderen Menschen Veranstaltungen wie Stierkämpfe oder Schlittschuhläufe zu besuchen. Ein europäischer Souverän ist recht volkstümlich und populär, so daß sein Erscheinen in der Öffentlichkeit keine besondere Aufmerksamkeit hervorruft.

»Auch wenn die westlichen Souveräne in den Staatsgeschäften besonders arbeitsam sind, so verzichten sie doch nicht auf das Vergnügen eines Parkbesuchs. Allerdings entfalten sie dabei keine besondere Pracht und verzichten bei dieser Gelegenheit auf eine Eskorte. Ein zweispänniger Wagen genügt ihnen, um gemächlich spazierenzufahren oder rasch an ihr Ziel zu gelangen. Bei ihrem Anblick ziehen die Menschen den Hut, und sie grüßen zurück, indem sie die Hand auf Stirnhöhe heben. Man würde sie auch gar nicht grüßen, aber es ist ganz unaufwendig und unformell. Sie werden von jedermann gesehen, wenn sie ausfahren und wieder zurückkommen.«[181]

Nach Li Shuchang bringt dies dem Monarchen großes Prestige ein, ist aber auch ein besonderes Gefahrenmoment. So schreibt er, daß der Kaiser bei der Rückkehr von einem Besuch der Berliner Vororte fast Opfer eines Attentats geworden wäre. Sein rechter Arm und seine Wange wurden von einer Kugel gestreift. Die Familien der Attentäter seien nicht von Polizei oder Justiz verfolgt worden, hebt Li hervor. In China gibt es nichts Kriminelleres als ein Attentat gegen den Kaiser, und die gesamte Familie eines Attentäters würde unweigerlich hingerichtet. Nach den Aufzeichnungen Li Shuchangs stößt der von sozialistischen Extremisten organisierte Mordversuch am Kaiser durchaus nicht auf Sympathie bei der Berliner Bevölkerung. Die bereitet ihm ein großartiges Willkommen, als er von seiner Genesung aus Österreich wieder zurückkommt.

»Um ihn zu empfangen, hatte man auf dem Boulevard vom Potsdamer Bahnhof bis zum Schloß Triumphbögen aufgestellt, die mit Tannenzweigen und Laternen geschmückt waren. Auf dem Bahnhofsplatz erhob sich eine hohe Erinnerungssäule. Die Berliner bildeten auf beiden Seiten des Boulevards ein Spalier, um dem Kaiser zu huldigen und ihm ein langes Leben zu wünschen. Der Kaiser erwiderte diese Wünsche.«[182]

Eine derartige Popularität des Monarchen ist in China unvorstellbar. Der Sohn des Himmels erscheint in der Öffentlichkeit nur zu religiösen Gelegenheiten und wie die Personifizierung einer Gottheit.[183]

Jeder der chinesischen Diplomaten entdeckt auf seine Weise das konstitutionelle politische System und das der politischen Repräsentation als Fundament des »Souveräns«. Dazu gehören auch Parteienvielfalt, Wahl und parlamentarische Regeln. In London bemerkt Binchun, daß weder die Königin noch der Premierminister ihre Entscheidungen den Abgeordneten aufzwingen können. »Kein Dekret kann ohne ihre vorherige Einwilligung in die Tat umgesetzt werden.«[184] Die anderen chinesischen Diplomaten berichten umstandslos von der Gewaltenteilung zwischen Legislative und Exekutive. Angesichts der beträchtlichen Machtbefugnisse des spanischen Premierministers Canovas beginnt Li Shuchang, diese Funktion insgesamt besser zu verstehen. Er ist nicht nur befugt, eigenmächtig die Repräsentanten der europäischen und amerikanischen Länder einzuladen, um über internationale Fragen zu diskutieren, sondern er interveniert auch in Familienangelegenheiten des Königs. Er kann dem Parlament vorschlagen, den Prinzen zum einzigen Thronerben zu erklären und dessen älterer Schwester den Titel einer Prinzessin von Asturien nicht zuzuerkennen. Der König hat keine Wahl und muß die Entscheidung des Parlaments akzeptieren.

Li Shuchangs Schlußfolgerung: »In Europa übt der Premierminister eine dem Souverän gleiche Macht aus. Wenn er eine wichtige Entscheidung treffen muß, diskutiert er darüber im allgemeinen zunächst mit den Ministern und mit den Parlamentariern, bevor er sie dem Souverän zur Ratifizierung vorlegt.«[185]

Das parlamentarische System

Dem jungen Zhang Deyi ist zumindest anfangs nicht bewußt, daß er sich in einem Land befindet, das politisch anders funktioniert als China. Er bewundert die Persönlichkeit der britischen Königin, die ihm zugleich liebenswürdig und schlicht erscheint und sich nicht um Staatsangelegenheiten kümmere. Nach seinem Verständnis hat sie einen Premierminister ernannt, weil sie ihrem Kronprinzen kein Vertrauen schenke, der eine nur mittelmäßige Person sei. Offensichtlich interpretiert Zhang den Premierminister als eine Art *zaixiang,* eine Person, der der Kaiser die Ausführung seiner Befehle anvertraut und die nur dem Monarchen gegenüber verantwortlich ist.

Anders als in den anderen europäischen Ländern ist der französische Staatschef nach 1870 ein Präsident. Xue Fucheng bemerkt, daß das Parlament die Macht besitze, obwohl es Entscheidungen nur mit Einverständnis des Präsidenten umsetzen dürfe. Der habe auch das Recht, den Premierminister zu ernennen, dieser wiederum ernenne dann seine Minister. Zeng Jize ergänzt, daß die Macht des Präsidenten durch das Parlament begrenzt werde, dessen Funktion die Chinesen – zugleich mit

Anspielung auf die Verhältnisse in ihrem eigenen Land – besonderes Interesse entgegenbringen. Guo Songtao etwa argumentiert, daß die Minister und das Parlament sich gegenseitig kontrollierten, was jeglichen Machtmißbrauch verhindere. Song Yuren stellt das repräsentative System und seine Begrenzung der Demokratie recht präzise dar:

»Die Politik braucht Diskussion. Eine Entscheidung wäre einseitig, wenn sie nicht der öffentlichen Meinung Rechnung trüge. Aber es ist unmöglich, zu jeder Zeit jede Person um ihre Meinung zu fragen. Also wählt man Männer, die den öffentlichen Willen auszudrücken in der Lage sind, die das Volk repräsentieren und all das ausräumen, was nicht in diese Richtung geht. Der Hauptgrund für die Entwicklung Europas liegt also im parlamentarischen System. Der Souverän kann nicht ohne weiteres Soldaten ausheben, Steuern erheben, Strafen auferlegen, Talente unterdrücken oder unloyale Beamte einsetzen. Die Beamten können ihrerseits nicht die Macht mißbrauchen, das Gesetz umgehen oder das Volk und das Land verarmen lassen.«[186]

Xue Fucheng stellt seinerseits fest, daß die Funktion und der Nutzen eines Parlaments darin bestünden, den Monarchen mit seinem Volk in Beziehung zu setzen. Liu Xihong schreibt dem englischen Unterhaus eine wichtige Rolle zu, insofern es die Entscheidungen in Staatsangelegenheiten treffen müsse. »Die Gentry des Parlaments entscheidet, die Beamten setzen die Entscheidungen in die Praxis um. Der Souverän trägt nur einen Titel.«[187] Liu unterstreicht vor allem die vermittelnde Funktion des Parlaments:

»Jede Stadt, jedes Dorf, jeder Kanton und jeder Distrikt wählt ein oder zwei Repräsentanten ins Parlament, die jederzeit die Wünsche des Volkes den Beamten mitteilen können. Selbst für die Kaufleute, die mit dem Ausland Handel treiben, gibt es in London unter der Verantwortlichkeit eines Parlamentsmitglieds eine zentrale Handelskammer. Das Parlament vermittelt zwischen der Regierung und dem Volk. Wenn die Forderungen des Volkes von den Beamten nicht als opportun berücksichtigt werden, müssen sie doch so lange untersucht werden, bis man zu einer Übereinkunft kommt und die notwendigen Maßnahmen getroffen werden. Aus diesem Grund sage ich, daß es zwischen den Oberen und dem Volk keine Barrieren gibt.«[188]

Alle chinesischen Beamten berichten übereinstimmend, daß die Existenz des Parlaments einem Machtmißbrauch vorbeuge und enge Bindungen zwischen der Regierung und den Regierten schaffe. Auch diese Bemerkungen sind vor dem Hintergrund des Zustandes der örtlichen Regierungsverwaltung gegen Ende der Qing-Dynastie zu sehen, die von Korruption und Unfähigkeit zur engen Kommunikation zwischen den Distrikten und der Zentralregierung geprägt ist. Die kaiserlichen Prärogativen sind unangreifbar, ungreifbar und symbolisch, denn die Verwaltungsbeamten des Hofs sind kaum auf dem Land anwesend, wo der größte Teil der Bevölkerung lebt und in Wirklichkeit von Richtern regiert wird. Man kann sich sogar fragen, ob die Anspielung auf eine »Gentry des Parlaments« nicht eine indirekte Aufforderung an die chinesischen beamteten Gelehrten ist, eine ähnlich effiziente Organisation auf lokaler und regionaler Ebene einzuführen. Das entspräche der intellektuellen chinesischen Bewegung der »Vereinigung von Wissen und Anwendung«.

Eine solche Anspielung ist bei Liu Xihong noch viel deutlicher, wenn er die Institution der Bürgermeister in England beschreibt. Er schätzt diese Einrichtung außerordentlich und meint sogar, daß Ähnlichkeiten der englischen mit der chinesischen Lokalverwaltung unter den Han- und Ming-Dynastien existierten:

»In England gibt es in jeder Stadt und in jedem Dorf Dutzende von *counçellors* [Verordnete] (in London 206) und etliche *aldermen* [Bürgermeister] (in London 26), je nach der Größe jedes Distrikts [...].

Dieses System ist in gewisser Weise mit dem der ›verantwortlichen Gruppe‹ unter den Dynastien der Han und der Song in China vergleichbar. Der Unterschied besteht darin, daß es sich [in England] bei Wählern und Kandidaten gleichermaßen um reiche Leute handelt. Die Beamten kümmern sich nicht um deren Geschäfte. Man braucht sich keine Sorgen über eventuelle

Korruption zu machen, da Wähler und Kandidaten reich sind. Man braucht sich keine Mühe zu geben, den Vorgesetzten zu schmeicheln, denn die Beamten greifen nicht in den Verwaltungsapparat ein. Das Volk wird vom Volk regiert. Die Gebildeten versammeln sich zur Diskussion, wenn es darum geht, die Lösung eines Problems zu finden. Der *alderman* kann die Meinung der Gelehrten bei seinen Entscheidungen berücksichtigen, wenn er darin Fehler bemerkt.«[189]

Liu Xihong zielt hier auf die Vorteile eine Dezentralisierung der politischen Macht. Dabei scheint auch die Sorge der chinesischen Gelehrten über die Verbreitung der Korruption auf der Ebene der Lokalregierungen durch, ihre Unzufriedenheit mit der chinesischen Verwaltung, aber auch ihre Bereitschaft, sich für sie zu engagieren und in ihr Verantwortung zu übernehmen. Bekanntlich ist einer der Gründe für die Korruption unter der Qing-Dynastie der, daß die Steuern die einzige Einkommensquelle für die Richter sind, die häufig aus finanziell wenig vermögenden Familien stammen. Aus diesem Grund unterstreicht Liu die Tatsache, daß in England Kandidaten und Wähler nicht in finanziellen Schwierigkeiten sind. Offensichtlich glaubt er, daß man dadurch im englischen System der Lokalverwaltung der Korruption vorbeugen wolle. Dabei entgeht ihm das rechtliche Konzept der Wahl als Mittel der Zuteilung und Kontrolle politischer Macht. Aber ganz generell nehmen die Chinesen wohl den gesellschaftlichen Aspekt der vermittelnden Funktion des Parlaments wahr, nicht aber den verfassungspolitischen der Regierungsverantwortung vor dem gewählten Parlament. Sie kennen (noch) nicht die Vorstellung einer Regierung auf rechtlicher oder Verfassungsgrundlage. Den Wahlen schenken sie keine besondere Aufmerksamkeit.

Allerdings verfolgen die Diplomaten die Parlamentsdebatten und entdecken darüber das System des Parteienpluralismus als grundlegende Funktion der parlamentarischen Demokratie. Dabei muß man sich freilich vor Augen halten, daß politische oder gar Volksparteien im heutigen Sinne in der zweiten Hälfte des 19. Jahrhunderts erst im Entstehen begriffen sind.

Gleich nach seiner Ankunft in England 1876 vergleicht Guo Songtao das dortige Zweiparteiensystem mit der Rivalität, die zwischen den verschiedenen Fraktionen am kaiserlichen Hof der Qing herrscht.

«Hier ist die Spaltung zwischen den Parteien schlimmer als in China [...]. Es gibt gegenwärtig zwei Parteien [...]. Sie greifen sich gegenseitig an, um die jeweils andere Partei zu besiegen. Die Ernennung der Minister und das Regierungsprogramm wechseln je nach der Partei, die an die Macht kommt. Sie machen sich Macht und Gewinn auf weit fürchterlichere Weise streitig als in China.«[190] Anfangs erinnert Xue Fucheng das Mehrparteiensystem in Frankreich an die Fraktionen der Ming-Dynastie. Nun ist die Verwechslung zwischen dem Pluralismus demokratischer Parteien und den opponierenden Hofintrigen für einen Chinesen dieser Zeit, der das europäische politische System kennenlernt, verständlich. *Dang* bezeichnet im klassischen Chinesisch eine Interessensfraktion, etwa bei Hofe. Wenn die Diplomaten mit diesem Begriff den der europäischen politischen »Partei« übersetzen, geben sie diesem möglicherweise eine herabsetzende Konnotation. Einige der Autoren sind sich dessen durchaus bewußt. Sie sehen sich deshalb dazu genötigt, die Bedeutung eingehender zu erklären, um Mißverständnissen vorzubeugen. So erläutert etwa Li Shuchang anläßlich des Rücktritts von Mac-Mahon und der Umbildung des spanischen Kabinetts:

»Die politischen Parteien besitzen in allen europäischen Ländern großen Einfluß. Die Minister und die Parlamentarier sind in zwei rivalisierende Parteien gespalten. Wenn ein Parteichef die Macht ergreift, wählt er die Minister unter den Männern seiner Partei aus. Gibt er die Macht ab, folgen ihm alle seine Minister. Aber im Unterschied zu unseren eigenen politischen Gruppen und ihren Machtkämpfen, die unserem Land in seiner Geschichte so viel Leid zugefügt haben, schadet jene europäische Parteienrivalität nicht der guten Führung der Staatsgeschäfte.«[191]

Auf ähnliche Weise legt Li ausführlich dar, daß der spanische

Premierminister Canovas und das aus seiner Partei gebildete Kabinett geschlossen zurücktreten und die Regierung der Oppositionspartei überlassen müssen, weil es ihnen an politischer Initiative gemangelt habe und sie mit ihrem Staatshaushalt in Schwierigkeiten geraten seien.

Hong Xun ist in seiner Begriffserklärung noch deutlicher. Er unterstreicht, daß im Chinesichen *dang* ein Schimpfwort sei, das Feinde bezeichne. In Europa hingegen werde der Begriff »Partei« unterschiedlos für Gruppen benutzt, die politische Positionen und Programme vertreten.

»Seit dem Altertum gibt es gute und schlechte Menschen, die wie Wohlgeruch und Gestank oder Eis und Feuer nicht koexistieren können. Wenn manche *dang* genannt werden, dann nicht, um sie bloß zu bezeichnen, sondern um sie als Feinde zu kennzeichnen. In Europa hingegen meint ›Partei‹ etwas ganz anderes. Damit markiert man die Unterschiede etwa zwischen Monarchisten und Demokraten, nicht zwischen guten und schlechten Menschen.«

Weiterhin bemerkt Hong Xun, daß in den europäischen Ländern jedermann »Partei ergreift«, mehr oder weniger und für oder gegen eine Partei, und daß er dies öffentlich tue. Es gebe Männer, die vermitteln und damit eine Partei zwischen den rivalisierenden Parteien bilden. Hong erklärt auch, daß die Bezeichnung eines Landes als »monarchistisch« oder »demokratisch« oft nur heiße, daß die monarchistische, beziehungsweise die demokratische Partei die Regierung ausübe. Der Monarch selbst spiele in diese Opposition gar nicht hinein.[192] Hong Xun will mit seinen Erklärungen seinen Lesern das Prinzip des Parteienpluralismus im Konzept der politischen Repräsentation verdeutlichen.

Es läßt sich feststellen, daß sich die Chinesen im Laufe ihres Aufenthalts in Europa eine umfassende Kenntnis des Parteienpluralismus aneignen. Das zeigt sich etwa in den Tagebüchern von Guo Songtao und Xue Fucheng. Das englische Zweiparteiensystem findet ihre Zustimmung. Mehrfach hebt Guo die wichtige, konstruktive Rolle der Oppositionspartei hervor. Die notwendige Berücksichtigung ihrer Kritik sei die Grundlage weiser politischer Entscheidungsfindung. »Das Parlament besteht aus einer Partei an der Macht und einer Partei in der Opposition«, erklärt er seinem Kollegen Li Fengbao. »Jede Partei wird von gegensätzlichen Ideen und Vorstellungen geleitet, die sich aus Diskussionen und Debatten herausgebildet haben. Die Konfrontation der Standpunkte erlaubt es, die Vor- und Nachteile jeder vorgeschlagenen Maßnahme abzuwägen. Die Karriere der Politiker gründet sich auf ihre Fähigkeit, das Gewicht dieses Wettbewerbs zu tragen.«[193] Die Führung der Staatsgeschäfte würde als voreingenommen beurteilt, wenn die Regierung nur auf eine einzige Stimme hörte.

Xue Fucheng untersucht 1890 die Aktivitäten der liberalen und der konservativen Partei und stellt seinerseits ein gewisses Gleichgewicht zwischen den beiden Parteien fest, das aus ihrem institutionellen Kräftespiel herrühre.

»Das Oberhaus und das Unterhaus werden jeweils von der liberalen Partei *(gongdang)* und der konservativen Partei *(baodang)* besetzt, die sich gegenseitig kontrollieren und miteinander rivalisieren. Das leitende Prinzip der liberalen Partei ist die Durchführung von Reformen, die eine politische Angleichung an die Konjunktur ermöglichen soll. Die Aktivitäten der konservativen Partei hingegen sollen das bestehende Regierungsprogramm erhalten und gegen Veränderungen schützen, die es in Frage stellen können. Die zwei Parteien gelangen wechselweise an die Macht. Der Staat erzielt aus diesem Wechsel der Parteien sein Gleichgewicht.«[194]

Song Yuren wiederum begreift als das Charakteristische des englischen politischen Systems das Prinzip der ministeriellen Verantwortung.

»Der Premierminister wählt die Minister aus. Er trägt für seinen Vorschlag die Verantwortung. Wenn ein Minister ihm nicht mehr paßt, muß der demissionieren. Wenn der Premierminister den Ministern nicht mehr paßt, muß er ebenfalls gehen. Wenn der Premierminister sich nicht mit dem Parlament versteht, hat er das Recht, sich mit seiner Partei aus der Regierung zurückzuziehen. Die Wahl des Premierministers findet zwischen den zwei Parteien statt, die beide einem Parlament angehören. Sobald der Premierminister vom Souverän berufen ist, kommt mit ihm die Partei, der er angehört, an die Macht.«[195]

Sicherlich verrät auch hier die Gewichtung die Perspektive eines chinesischen Beamten. Aus dem Zwang zur Demission nach dem Verlust der parlamentarischen Mehrheit wird etwa ein für die kaiserliche Regierung undenkbares »Recht«. Aus den Schilderungen der Diplomaten entsteht für die chinesischen Leser ein Bild der englischen politischen Repräsentation, nach dem sich diese Form der Regierung zwischen 1870 und 1914 durch Machtgleichgewicht und politische Reife als Resultat des Zweiparteiensystems auszeichnet.

Demgegenüber erscheint den chinesischen Diplomaten das französische Mehrparteiensystem als äußerst komplex. Tatsächlich durchlebt die III. Republik in ihren labilen Gründungsjahren eine politisch und parlamentarisch turbulente Phase, bevor sie sich unerwartet nicht als Monarchie oder autoritäres Regime, sondern tatsächlich als Republik stabilisiert. Die Chinesen analysieren die Programme der verschiedenen Parteien und versuchen sich darüber ein Bild zu machen. Guo Songtao stellt fest, daß sich die monarchistische Partei (*jundang*) aus drei Gruppen zusammensetzt, die jeweils vom Comte de Paris, vom Comte de Chambord und den Bonapartisten geführt werden. Die republikanische Partei (*mindang*) weise ebenfalls drei Strömungen mit unterschiedlichen Programmen auf, die entweder ein auf reiche Männer beschränktes Wahlrecht, das allgemeine Wahlrecht oder die materielle Gleichheit zwischen Reichen und Armen fordern. »Kein anderes europäisches Land hat so viele unterschiedliche politische Meinungen«, faßt er zusammen.[196] Zu präzisieren wäre, daß er das unmittelbar nach der Pariser Commune vorhandene politische Spektrum beschreibt. Adolphe Thiers führt eine konservative Republik an, die monarchistische Mehrheit der Abgeordnetenkammer verfolgt das Programm einer Restauration, im Hintergrund erhebt sich die

Forderung nach allgemeinem Wahlrecht, das ab Juli 1871 – auf Männer beschränkt – realisiert wird.[197] Die sozialistische Strömung macht sich ebenfalls bemerkbar.

Xue Fucheng liest die Instabilität des politischen Lebens an der Art ab, wie die französischen Parteien die Regierung bilden:

»In Frankreich gibt es die Parteien der Linken, der Rechten und des Zentrums, die sich alle wiederum in kleinere Parteien aufteilen. Quer durch alle Parteien ziehen sich aber auch monarchistische und republikanische Strömungen (*jundang*), (*mindang*). Sie sind ehrgeizig und streiten sich heftig. Wenn die Politik des Premierministers nicht von der Mehrheit der Abgeordneten gebilligt wird, ist er gezwungen zurückzutreten. Ist dies geschehen, bleibt keiner der von ihm berufenen Minister im Amt. In dem Fall schlägt der Präsident einen anderen Kandidaten vor. Der legt in der Regel Wert darauf, die Minister aus den Reihen seiner Partei zu wählen. Oder er lehnt die Kandidatur ab, und in diesem Fall muß der Präsident jemand anderen suchen.

Seit der Einführung des demokratischen Systems in Frankreich im Jahre *gengwu* [1870] wechselte in 22 Jahren 27mal der Premierminister. Wenn sich die Hegemoniestellung der Franzosen, die sich darauf immer noch einiges einbilden, in den letzten Jahren abgeschwächt hat, so liegt der Grund dafür zweifellos in jenem dauernden Wechsel.«[198]

Das ändert jedoch nichts an der Tatsache, daß sich die III. Republik als politisches System als erstaunlich stabil erweist und alle monarchistischen, boulangistischen, rechtsradikalen und syndikalistischen Attacken und selbst noch die Dreyfusaffäre weitgehend unbeschadet übersteht.

Die Überlegungen Li Shuchangs gehen über die seiner Kollegen noch hinaus. Er besteht auf der zentralen Rolle der politischen Parteien in Europa bei den Regierungsbildungen. Anläßlich des Rücktritts Mac-Mahons überlegt er, daß dieser als Präsident befugt ist, den mit ihm nicht übereinstimmenden Premierminister Jules Simon abzusetzen, die Abgeordetenkammer aufzulösen und Neuwahlen auszuschreiben. Doch ist er es selbst, der schließlich demissionieren muß, nachdem die Opposition die Wahlen gewonnen hat. Und Li Shuchang drückt sein Erstaunen darüber aus, daß »der Abschied des Präsidenten die Pariser gleichgültig läßt«, so sehr seien sie bereits an den Präsidentenwechsel gewöhnt.[199] Das französische politische System irritiert die Chinesen, während sie das Funktionieren des englischen Zweiparteiensystems zu schätzen wissen. Gerade der Vergleich führt sie zu weitergehenden Analysen des europäischen Repräsentativsystems.

In ihren Berichten zeigen nicht alle politischen Systeme in Europa dasselbe Gesicht. In ihrem Bemühen, die europäischen demokratischen Herrschaftsformen in ihren Grundsätzen zu begreifen und zwischen ihnen im einzelnen zu differenzieren, lassen sie sich deutlich von dem konkreten Interesse leiten, das am wenigsten radikale demokratische System zu finden. In ihren Augen sind die europäischen Herrschaftsformen von drei Grundtypen abzuleiten. Im ersten Typ liegt die Souveränität in den Händen des Monarchen *(junzhu)*; im zweiten teilen sich Monarch und Volk gleichermaßen die Souveränität *(junmin gongzhu)*; im dritten schließlich gehört die Souveränität dem Volk *(minzhu)*.

Deutschland und Österreich werden der ersten Kategorie zugeordnet, England, Holland, Italien, Belgien, Spanien, Portugal und Dänemark der zweiten, allein Frankreich der dritten.

Xue Fucheng, Hong Xun und Song Yuren benutzen ausdrücklich diese Klassifizierung. Sie übersehen – oder übergehen absichtlich –, daß in europäischen Monarchien, seien sie absolut oder konstitutionell, die Könige niemals über jene bedingungslose Autorität verfügen, derer sich ein chinesischer Kaiser bedienen kann.[200] Im Vergleich zu ihm verfügen die Könige nicht nur nicht über die geistliche Macht, die in den Händen der Kirche liegt, sondern sie lassen auch alle in unterschiedlichen Abstufungen demokratischen Elemente im politischen System zu.

Xue Fucheng verwirft im Vergleich mit Europa das autokratische System, weil es die Konzentration der drei fundamentalen Gewalten in einer Hand bedeute und niemand an der Machtausübung des Souverän beteiligt werde, das Volk wie Lastvieh versklavt sei, die Information nicht frei zirkuliere und die öffentliche Meinung nicht berücksichtigt werde. Xue zufolge könne der Wille einer einzigen Person nicht den des ganzen Volkes repräsentieren.[201] Demgegenüber sei das demokratische System weit höher entwickelt:

»In einem derart regierten Land besitzt die Verwaltung die Mittel, um die kollektive Weisheit in die Praxis umzusetzen und sich den Wünschen des Volkes anzupassen. Der Souverän hat nicht das Recht, seinen Launen freien Lauf zu lassen und sie dem Volk aufzuzwingen. Es ist möglich, daß ein Minister schon morgen ein einfacher Bürger wird. Deshalb wagt er das Volk auch nicht mit seiner augenblicklichen Macht herauszufordern. Das entspricht der Theorie von Mencius, wonach ›das Volk das wichtigste Element‹ in einem Staat sein solle. Aus diesem Grund ist die Politik gerecht und kann vollständig angewendet werden. Doch leider gibt es Parteien, die miteinander rivalisieren und sich gegenseitig bekämpfen. Es kommt vor, daß ihnen das Wohl des Landes völlig gleichgültig wird, nur damit ihre eigene Meinung siegt. Der Souverän hat ebensowenig wie der Minister ein Interesse daran, längerfristig wirksame Entscheidungen zu treffen, wenn er selbst nur kurze Zeit an der Macht ist. Und in dem Maße, wie die Macht dezentralisiert ist, hat der Souverän keinen Willen.«[202]

Xue Fucheng schätzt in den von ihm demokratisch genannten Ländern ein Parlament, das die Verständigung zwischen der Regierung und den Regierten herstellt. Doch führe das Fehlen eines Monarchen zu politischer Instabilität. Letztendlich optiert er für »jene Länder, in denen die Souveränität in den Händen des Volkes und des Monarchen« liege, wie in Italien oder England. Die englische Kolonisation in Indien, Australien und den afrikanischen Ländern betrachtet er als eine ordnende und zivilisatorische Mission. Mit der Person der Königin Viktoria verbindet er Klarsicht, Entschlossenheit und die Fähigkeit, kompetente Minister auszuwählen, nicht zuletzt aber auch die schon 50jährige Garantie des guten Verständnisses zwischen den beiden politischen Parteien.

Xue findet hier seine Argumente im chinesischen Altertum. Stolz geht er bis zu den 3000 Jahren alten Dynastien der Xia zurück, die für die Demokratie optiert hätten, während seiner Meinung nach China seit den Wan unter einer totalitären Herrschaft lebt. In der Epoche der Drei Dynastien war die Königswürde zwar erblich, aber die berühmte Lehre des Mencius, wonach das Volk Vorrang vor Staat und Kaiser besitzt, sei allgemein in die Praxis umgesetzt worden. Dieses System der Drei Dynastien stehe Pate für die in England und Italien gegenwärtig angewandten Systeme und gewährleiste dort die Dynamik der Regierung; zumal das chinesische Beispiel ihm eine Unendlichkeit von weiteren 3000 Jahren verleihe.

In der Tat ist die Orientierung an der eigenen Geschichte charakteristisch für die chinesischen Gebildeten. Das führt dazu, daß sie auch in Europa nach den Ursprüngen suchen. Demnach sind für sie die politischen Systeme – einschließlich der demokratischen Elemente – das Erbe des Ancien Régime, weniger der Französischen Revolution allein. Beim Besuch der Westminster Abtei erfährt Guo Songtao, daß das Unterhaus seit 1265 besteht. Xue Fucheng stellt fest, daß das parlamentarische System seine Ursprünge im römischen Altertum findet. »Mit Ausnahme Rußlands existiert das Parlament in allen großen europäischen Ländern. Tatsächlich handelt es sich um das jahrtausendealte traditionelle römische System.«[203] Xue begnügt sich mit der Feststellung der formellen Kongruenz zwischen dem römischen und dem zeitgenössischen europäischen parlamentarischen System. Die Prinzipien der politischen Repräsentation und der parlamentarischen Demokratie entgehen ihm dabei.

Dementsprechend denkt keiner der chinesischen Diplomaten in Begriffen des historischen Bruchs – etwa der englischen oder der französischen Revolution – für das europäische politische System. Sie ziehen es vor, sich die Formen politischer Repräsentation als seit der Antike historisch kontinuierlich gewachsen vorzustellen.

Guo Songtao meinte bereits vor seiner Ankunft in England, daß der entscheidende Trumpf der westlichen Macht in der europäischen Regierungsmethode *(dao)* liege. Für seine chinesischen Kollegen waren das eher die Rüstungsindustrie und der Handel. In England begreift Guo schließlich, daß das Dao, welches die westliche Macht sichert, im parlamentarischen System liegt, das die Interessen des jeweiligen Landes verteidigt, sowie im System der lokalen Verwaltung, die auf die Stimme des Volkes hört. Man könne einem System Vertrauen schenken, in dem das Volk auf der Höhe der Staatsgeschäfte gehalten wird, um die Dynamik des Landes zu gewährleisten. Die Demokratie in Frankreich hingegen erscheint Guo als Chaos. Die herrschende Klasse sei instabil, die politischen Skandale überstürzten sich, es sei eine Auflösung jeder Hierarchie zu befürchten, was wiederum zur Anarchie führen müsse.

Wenn letztlich die englische Verfassung am meisten geschätzt wird, so liegt das zunächst daran, daß England zu dieser Zeit als die erste Großmacht erscheint. Ihr politischer und wirtschaftlicher Einfluß ist in China vorherrschend. Da China keine Republik kennt, identifizieren die Diplomaten darüber hinaus umstandslos Staatsverfassung und politische Herrschaft eines Landes. Für sie fallen etwa Demokratie *(minzhu)* und Republik *(gonghe)* notwendigerweise zusammen. Dabei ist es für sie dann schwierig zu erkennen und zu verstehen, daß etwa die III. Republik eine parlamentarische Demokratie ist, dem Präsidenten jedoch große Vorrechte einräumt; daß in der englischen Monarchie umgekehrt die Prärogativen des Königs gleichsam einschlafen und politische Verantwortung und Macht auf Minister und Parlament übergehen. Doch es ist gerade die Form der Monarchie, welche die Chinesen die englische Demokratie als akzeptabel erscheinen läßt.

Li Shuchang ist offensichtlich der einzige, der feststellt, daß England sachlich eine Demokratie und nur nominell eine Monarchie ist:

»Nach meinen Beobachtungen muß ich berichten, daß die Engländer ihrer Königin gegenüber Hochachtung bezeugen und auch die gesellschaftliche Rangordnung peinlich genau einhalten. Doch die Macht hat das Parlament in Händen. Der Außen- und der Innenminister müssen, bevor sie wichtige Beschlüsse fassen, darüber mit den Abgeordneten diskutieren. Vorher könnten sie keine Entscheidung in die Tat umsetzen. Dadurch ist England in Wirklichkeit ein demokratisches Land, auch wenn es Königreich genannt wird.«[204]

Aus dieser Erkenntnis schließt Li Shuchang: Wenn folglich die chinesischen Beamten die Einführung eines repräsentativen Systems erwögen, das weniger demokratisch sei und die Macht des Souveräns nicht einschränke, sollten sie sich nicht auf das englische System beziehen.

Hinsichtlich der Frage, ob für China eher eine gemäßigte Monarchie oder ein demokratisches Regime geeignet wäre, ziehen die chinesichen Beamten deutlich eine Monarchie mit einem »temperierten« Staatsoberhaupt vor. Die Abwesenheit eines Monachen an der Spitze erscheint ihnen für China undenkbar. Auch deshalb meinen sie, daß das englische demokratische Regime weniger radikal sei als das französische. Ansonsten sind sie von der Persönlichkeit der Monarchen fasziniert, etwa vom Charisma des deutschen Kaisers oder der Königin Viktoria. Diese Ausstrahlung des Herrschers habe es auch in der chinesischen Geschichte gegeben, meinen Xue Fucheng und Song Yuren.

Die viktorianische Gesellschaft begeistert Liu Xihong und Zhang Deyi aufgrund ihrer guten Organisation. Zhang zufolge wird sie streng verwaltet, um Armut und Epidemien vorzubeugen.

»In England wird alle zehn Jahre eine Volkszählung durchgeführt. Alle Familien werden registriert. Alter, Beruf, Eigentumsformen wie Grundbesitz, Geschäfte, Bars, Einkommen und auch Berufserfahrungen werden aufgenommen. Der Bericht wird dem König vorgelegt, der ihn durch Beamte nachprüfen läßt. Die Bewohner werden nach Kategorien eingeteilt, so nach Alten, Kindern, Gesunden, Kranken, Gebildeten, Bauern, Arbeitern, Händlern. Man erforscht die Geburten- und die

Sterblichkeitsrate, erkundet, ob die Menschen faul oder fleißig sind, arm oder reich. Wenn in bestimmten Gebieten häufig Todesfälle auftreten, werden Ärzte dorthin geschickt, um die Lage zu untersuchen, Abfälle entfernen und Kanäle reinigen zu lassen und den Kranken Medikamente zu geben. Statt die Arbeitslosen auf der Straße betteln zu lassen, werden sie in Armenhäusern beherbergt und ernährt, und man läßt sie dort arbeiten.«[205]

Zwar hätten sich die Engländer, die ihre Hauptstadt für den Mittelpunkt der zivilisierten Welt hielten,[206] über diese überschwenglich lobende Einschätzung Zhangs sicherlich gefreut. Aber sein Bild der englischen Gesellschaft wird mit den traditionellen chinesischen Kriterien zur Beurteilung der Regierung eines Kaisers gezeichnet. Der Bau von Kanälen etwa wird in der chinesischen Geschichtsschreibung als für eine Regentschaft äußerst positiv angesehen. Die Beschreibung der Volkszählung in Europa folgt der chinesischen Konzeption. Zugleich idealisiert Zhang Deyi die europäischen Zielsetzungen der Angelegenheit. Er setzt sie scharf von den chinesischen Verhältnissen ab. Dort dient die Volkszählung vor allem der Aktualisierung und der Erhöhung der Steuerlasten für das Volk, während sie in England zur Rationalisierung der Verwaltung und zur Verbesserung der Lebensbedingungen der Untertanen diene.

Bei der Konstruktion dieses schönen Bildes der viktorianischen Gesellschaft spielen die traditionellen chinesischen Vorstellungen einer vollendet harmonisch regierten Gesellschaft eine ebenso große Rolle wie die Beobachtungen selbst. Dabei bemerkt man in der Darstellung Zhang Deyis eine kuriose Entsprechung zu den Berichten, welche die Missionare im Europa des 18. Jahrhunderts über China verbreiteten. Danach war China ein Reich, dessen Kaiser selbst seinen Ruhm nur durch das seinen Untertanen verschaffte Glück erringen konnte[207] – die weiseste und bestverwaltete Nation des Universums.[208] Die Chinafreunde irrten, weil sie nur die Theorie, nicht die Umsetzung der Macht berücksichtigten.[209] Zhang Deyi sitzt demselben Fehler auf. Seine Beobachtungen werden geleitet und synthetisiert vom abstrakten chinesischen Traum eines perfekten, wunderbar von einem weisen, wohlwollenden Herrscher regierten Reiches. Dabei übergeht Zhang völlig Rolle und Funktion des Parlaments.

Liu Xihong glaubt, daß dank des parlamentarischen Systems, wodurch das Volk mit den Beamten und Politikern kommuniziere, Wohlwollen und Milde die Gesellschaft regierten. Beispielsweise würden die Gefängnisinsassen nicht mißhandelt, und die Armen ohne Familie fänden Unterkunft in einem Hospiz. Doch Liu zufolge zieht die Königin im Hintergrund die Fäden. Sie schicke etwa oft Inspekteure zur Überwachung des gesellschaftlichen Lebens aus, und königliche Ärzte kontrollierten die Arbeit der Krankenhäuser.

Das Prestige des Souveräns und der ihm entbotene Respekt beschäftigen die chinesischen Diplomaten über alles. Zhigang möchte glauben, daß das Geheimnis der europäischen Macht in der Liebe gegenüber dem Souverän liege. Zum Beleg führt er folgende Episode an:

»In der Umgebung Berlins kann man in der Ruhe der dichten Forste promenieren [...]. Unter den Spaziergängern, die mich bei dieser Erholung begleiteten, befand sich eine Frau, die mich fragte, ob man in China auch derart den Souverän liebe. Ergriffen von dieser Frage, erklärte ich ihr: ›Wie hätten die Chinesen dreißig Jahre der Unordnung beenden können, wenn sie nicht ihren Monarchen liebten?‹ Sie erwiderte: ›Hier gibt es niemanden, der unseren Monarchen nicht liebte.‹ Dieser kleine Satz ist von größter Wichtigkeit. Sie verdient tiefergehende Beachtung als alle Macht der Kanonen und Kriegsschiffe der europäischen Länder.«[210]

Als sich während der Wahlen zur französischen Abgeordnetenkammer Fälle von Stimmenmanipulation durch einige Kandidaten zutrugen, bestärkte dies Zhigang in seinem Glauben an die Notwendigkeit eines höchsten Souveräns.

»Der Grund hierfür ist, daß in Europa das Gesetz beim Vorschlag und bei der Ernennung zu Staatsämtern nur die Stimmenzahl in Betracht zieht, ohne daß man erkennt, daß der Mißbrauch in diesem System selbst angelegt ist. Wer die Reinheit nur im Dunkeln pflegt, ohne die Öffentlichkeit zu suchen, bleibt allein und unbekannt. Doch um Weise in verantwortliche Ämter zu berufen, bedarf es jedenfalls an der Spitze des Staates eines Heiligen, eines außergewöhnlichen Mannes. Nur um diesen Preis kommt man dahin, keinen Weisen in der Wüste zu vergessen.«[211]

Bei der Gelegenheit der Abgeordnetenwahlen hätte Zhigang die Bindung einer Regierung durch das Gesetz, nicht durch bloßen Willen oder Willkür nachvollziehen können. Doch stellt er das Prinzip der politischen Repräsentation völlig zurück und bedauert lediglich, daß bei den Wahlen nach dem Mehrheitsprinzip keine hervorragenden Persönlichkeiten kandidierten.[212] Für ihn handelt es sich also um eine mißlungene Variante der Ernennung der bestmöglichen Männer für die Regierungs- und Verwaltungsposten. Dem abstrakten Mehrheitsprinzip gegenüber gibt er der Weisheit eines außergewöhnlichen und geradezu göttlichen Monarchen den Vorzug.

Liu Xihong bestätigt die Zeichen der Anhänglichkeit, welche die Engländer ihrer Königin gegenüber zum Ausdruck bringen. Die Popularität Viktorias führt er allerdings auf die Anwendung des demokratischen Systems zurück.

»Auf einer Bootsfahrt von Tianjin nach Shanghai traf ich einmal einen etwa siebzigjährigen Engländer. Er sagte mir, daß man in Europa dem Monarchen gegenüber völlig gleichgültig und respektlos sei und ihn wie ein ›kleines Würstchen‹ behandele. Doch in England stelle ich fest, daß man regelmäßig zu Beginn eines Konzerts, einer Andacht, eines Banketts oder einer Unterhaltungsveranstaltung den Monarchen preist. Ebenso beginnt und beendet man Vorstellungen der Schattenspiele mit dem Bild des Monarchen. Am Schluß eines Feuerwerks zeigt man ebenfalls sein Porträt. Ich hörte, daß vor etwa zehn Jahren der Kronprinz erkrankte und das ganze Land für ihn den Himmel anflehte; bei seiner Gesundung dankten alle bis zu den Provinzen, wo der Monarch nicht weniger populär ist, dem Himmel. Ich frage mich nach dem Grund. Seit der Thronbesteigung der Königin Viktoria gewinnt England jeden Krieg und wird immer mächtiger. Auch wenn sie von sich aus nicht wohltätig ist, folgt sie dem Willen des Volkes. Dadurch schreibt man ihr alle Verdienste zu. Da England ein demokratisches Land ist, braucht sich der Monarch nicht um die Staatsgeschäfte zu kümmern, und die Kronprinzen erfreuen sich des Lebens, ohne je mit den beiden Kammern in Konflikt zu geraten. Genau das verlangt das Volk. Und aus diesem Grund vergöttert das Volk den Kronprinzen.«[213]

Liu Xihong will zeigen, wie sehr die Engländer ihre Königin verehren. Doch die Frage bleibt unbeantwortet, wem sie letztlich Vertrauen schenken, der Königin Viktoria oder einem parlamentarischen System, das die Macht des Monarchen begrenzt. Die Mitte des 19. Jahrhunderts wird als das Goldene Zeitalter des englischen Parlamentarismus angesehen. Die Monarchie erweist sich als ein Mittel, die politische Macht dem Volk anschaulich zu machen, Emotionen und Bindungen zu wecken, wie es ein bloßer Verfassungstext nicht vermöchte.[214] Die Königin Viktoria herrscht, ohne zu regieren. Sie nimmt den Vorsitz ein, ohne lenkend einzugreifen.[215] Gerne hätte Liu Xihong demonstriert, daß es wesentlich darum geht, Vertrauen in den Monarchen zu bewahren. Zugleich mit dem Beweis für das Charisma der Königin illustriert er unfreiwillig den tatsächlichen Machtverlust der Monarchie im politischen Leben Englands.

Sicherlich verstehen die chinesischen Diplomaten vieles im europäischen politischen Leben nicht. Dennoch verwirft keiner von ihnen völlig das parlamentarische System. Sie zeigen entweder ein Interesse für die charakteristische Praxis der westlichen Politik, oder sie äußern ihre Bewunderung für die demokratische Kommunikation. Manche sind schließlich davon überzeugt, daß das parlamentarische System dem Westen insgesamt entspreche.

Andere gehen noch weiter. Sie werden sich nicht nur darüber klar, daß das Geheimnis der Macht der europäischen Länder im parlamentarischen System zu finden, sondern auch darüber, daß seine Übernahme geschichtlich unvermeidbar sei. Welche Auswirkungen die Entdeckung des europäischen politischen Systems auf die Diplomaten haben kann, zeigt sich vor allem bei Xue Fucheng. Vor seiner Europamission legt er in seinem Artikel »Über die Reform« das Verlangen an den Tag, »das Veraltete zu ändern und sich an die Notwendigkeiten der Gegenwart anzupassen«.[216] Wie bei allen Beamten in der Bewegung der westlichen Angelegenheiten beschränken sich seine Ideen allerdings auf die Entwicklung des Handels und der Industrie und auf die Stärkung der militärischen Macht. Nie spricht er von politischen Formen. Er fürchtet eine Beleidigung des Hofes und respektiert strikt die konfuzianistischen Prinzipien, wonach die hierarchischen Beziehungen zwischen Souverän und Untertan in keinem Fall angetastet werden dürfen.

In seinem Tagebuch räumt er diesem Gegenstand hingegen großen Raum ein. Bei einer Untersuchung der Situation in anderen asiatischen Ländern ist Xue Fucheng davon überzeugt, daß man das europäische politische System unbedingt auf die chinesischen Verhältnisse anwenden müsse. Denn, so argumentiert er, wenn in Südostasien allein Siam und in Asien nur Japan sich nicht auf dem Weg des Niedergangs bewegten, so liege das daran, daß diese Länder eine Politik westlicher Art angenommen hätten. Xue schließt daraus: »Man kann bei der Stärkung eines Landes den europäischen Geist nicht übergehen. Darin liegt heute der Gang der Welt.«[217]

Dennoch beschränkt sich ihr Blick auf das parlamentarische System auf die Vermittlungsfunktion, welche die Abgeordneten zwischen Souverän und Volk einnehmen. Diese Sicht des europäischen politischen Systems wird in der Tat vom Interesse geleitet, das die Beamten für die chinesische Lokalverwaltung im 19. Jahrhundert an den Tag legen. Doch kein einziger unter ihnen stellt die höchste Souveränität des Kaisers in Frage. Sie hätten in Europa am liebsten eine Regierung entdeckt, die Charisma ausstrahlt und die mit der politischen Philosophie des Mencius übereinstimmt: »Das Volk ist das wichtigste Element [in einem Staat]; die Götter des Bodens und die Ernte kommen erst nach ihm; und der Souverän hat am wenigsten Gewicht.« Man brauche einen Weisen als König, der mit der ihm vom Gesetz anvertrauten Autorität gemäßigt umgehe und dabei für das Wohlergehen und das Interesse seines Volkes sorge. Dabei gewähre er seinen Untertanen bestimmte Rechte. Unsere chinesischen Beamten in Europa haben ein solches Regime im Kopf, das die Betonung auf die Bedeutung des Volkes legt *(minben)*, wenn sie das Modell der englischen parlamentarischen Demokratie und konstitutionellen Monarchie betrachten.

Sozialistische Strömungen

Das Hauptaugenmerk der Chinesen gilt dem politischen System selbst. Einige bemerken aber auch das Wachsen der Linken und des Sozialismus in der politischen Repräsentation. Nach dem Attentat auf den deutschen Kaiser 1878 zieht Li Shuchang sorgfältig Erkundigungen über die sozialistische Bewegung ein:

»Die sozialistische Doktrin meint, daß alle Menschen gleich geboren seien. Folglich gebe es keine empörendere Ungerechtigkeit als die Unterdrückung der Armen. Den Sozialisten zufolge liegt das an der Macht des Monarchen, die Menschen reich oder arm zu machen. Darum haben sie eine Geheimgesellschaft organisiert, deren Mitglieder reihum die Aufgabe übernehmen, bei geeigneter Gelegenheit alle gekrönten Häupter umzubringen. Wenn eine solche Gelegenheit tatsächlich kommt, verbietet es ihnen ihre Disziplin, die Tat nicht auszuführen. Durch die physische Vernichtung der Souveräne hoffen sie, daß die Reichen ihre Unterstützung verlieren und die Armen wieder in ihre vollen Rechte eingesetzt werden. Sie haben also keinen persönlichen Haß auf den Kaiser. Die Sozialisten sind ziemlich zahlreich. Sie sind über alle Länder verstreut. Ihre Mitglieder kommen aus der Beamtenschaft, aus angesehenen Schichten, aus den Rängen der Intellektuellen und des Volkes.«[218]

Li Shuchang benutzt im Chinesischen eine phonetische Umschrift des europäischen Worts »Sozialismus«. Erst Anfang des 20. Jahrhunderts wird in China eine eigene Übersetzung eingeführt, die aus dem Japanischen abgeleitet ist. Der Sache nach versteht Li jedoch deutlich, daß es sich hier um eine politische Bewegung handelt, die die Ungleichheit zwischen den Gesellschaftsklassen abschaffen will. Es ist erstaunlich, daß er dieser Partei gegenüber eine eher gleichgültige Haltung einnimmt. In China hätte die bloße Existenz einer solchen revolutionären Strömung zur Abschaffung der Monarchie das Beamtenmilieu in Angst und Schrecken versetzt.

In England erfährt Guo Songtao von Streiks in den Textilfabriken in Manchester und Bradford, bei denen die Arbeiter die Maschinen zerstört und Feuer an die Häuser der Fabrikbesitzer gelegt haben. Guo sieht keine Verbindung zwischen Sozialismus und Arbeiterbewegung und schreibt dieses »schlechte Betragen« der Demokratie zu, die dazu tendiere, dem Volk zu viel Macht zu geben. Doch möchte er dieses System nicht generell ablehnen. Darum fügt er hinzu, er stimme einer Verwaltung, die sich an dem Willen des Volkes orientiere, unter der Bedingung zu, daß die Gebildeten fest die Macht innehaben.[219] Für Xue Fucheng hingegen hängt der Syndikalismus eng mit dem Sozialismus zusammen. Er berichtet, daß dank der Mühen der Arbeiter seit 100 Jahren die Industrien und der Reichtum der europäischen Staaten rapide angewachsen seien. In diesem Zusammenhang gründeten die Arbeiter die »Assoziation der Solidarität« *(tongxinhui)*, deren Hauptaufgabe in der Organisierung von Streiks bestehe. Xue versteht, daß die Arbeiter einen vernünftigen Lohn und einen Achtstundentag verlangen, aber keinen Konflikt mit den Arbeitgebern suchen.

Als Zhang Deyi 1871 zum vierten Male nach Frankreich entsandt wird, ahnt er nicht, daß er Zeitzeuge der Geschichte wird. Der deutsch-französische Krieg und die Pariser Commune stehen im Zentrum seines vierten Tagebuchs. Er berichtet über die Ursprünge des Konflikts, die Kriegserklärung Frankreichs an Preußen, die verschiedenen militärischen Operationen, die

Kämpfe bei Saarbrücken und Straßburg, die französische Niederlage bei Sedan mit der Gefangennahme des Kaisers, die Belagerung von Paris; über den Fall Napoleons III., die Verkündung der III. Republik, den Waffenstillstand und den Vorvertrag von Versailles. Er berichtet ohne Aufregung, so etwa über die deutsche Bombardierung von Paris am 6. Januar 1871 durch 120 Kanonen mit den dadurch verursachten Massakern an der Zivilbevölkerung. Zhang notiert auch die Verletzung des internationalen Rechts durch die Deutschen und die Protestnoten des französischen Außenministeriums.[220] Seine Beschreibungen erscheinen wie die eines Sonderberichterstatters, allerdings mit der bereits typischen chinesischen leidenschaftslosen Distanz und ohne an einer Partei Anteil zu nehmen.

Die Geschichte der Pariser Commune beschreibt er von Anfang bis Ende, vom Sturz der Vendôme-Säule bis zu ihrer Wiederaufrichtung. Es ist eine kurze, aber vollständige Darstellung. Seiner Einschätzung nach handelt es sich nur um eine Hungerrevolte im Gefolge der französischen Niederlage.

»Diese Meuterei der Ansässigen rührt vom deutsch-französischen Frieden her. Nach dessen Abschluß hätten sich die Menschen eigentlich entspannen müssen. Doch in ihrer Armut wußten sie nicht, wohin sie gehen und wo sie ihren Unterhalt finden sollten. Aus diesem Grund haben sie in ihrer Verzweiflung das Wagnis auf sich genommen, sich in eine Sackgasse zu werfen und es auf eine Kraftprobe ankommen zu lassen. Unter den Aufständischen geht die Gewalt also nicht nur von den Männern aus; die Frauen folgen ihnen und treiben sie weiter dazu an.«[221] Zhang beschreibt Hunger und Chaos im Gefolge des Krieges, das Rationierungssystem, den Kampf ums Überleben, mit Pferden, Hunden, Katzen, selbst Ratten als Nahrung. Überall sieht er Ruinen, Flüchtlinge, Bettler in Lumpen.

Doch der revolutionäre Aspekt des Geschehens entgeht Zhang. Für einen im Kaiserreich sozialisierten Chinesen kann es sich nur um Rebellion oder Aufstand handeln. So kümmert er sich nicht um den politischen Charakter der Bewegung. Zum einen zeigt er sich vom Terror und vom Chaos bei der Erhebung der »roten Köpfe« berührt, zum anderen vom Heroismus der Kommunarden. Ohne mit seiner Bewunderung für die Aufständischen zurückzuhalten, beschreibt er mehrmals, wie sie zur Exekution oder zur Deportation nach Algerien oder Neu-Kaledonien abgeführt werden. Wie im Westen eine Handlung nach ihrem Ziel beurteilt wird, so erweckt für Chinesen eine heroische Haltung selbst bei Gegnern Bewunderung. Ansonsten bleibt Zhang Deyi distanziert und neutral, ohne Engagement.[222] Ebensowenig wie seine Kollegen zeigt er sich an revolutionären oder sozialistischen Strömungen interessiert. Die verbleiben im anekdotischen Bereich. An irgendeine Revolution in China ist nicht zu denken, solange die Reformkräfte sich formieren.

In erster Linie lassen die chinesischen Diplomaten sich weiterhin von ihrer Problemstellung leiten, Elemente und Strukturen des europäischen politischen Systems zu finden, welche den chinesischen Bedürfnisssen, der chinesischen Mentalität und der chinesischen Tradition am besten entsprechen. Diese Suche nach einer unmittelbar praktischen Umsetzung verhindert eine Vertiefung ihrer Kenntnisse der europäischen Geschichte und der politisch-gesellschaftlichen Theorie des Westens. Aus einer solchen auch begrifflichen Konfusion heraus gelangen sie noch nicht einmal zu ideengeschichtlichen oder kulturellen Präzisionen und Auseinandersetzungen. Die fortlaufende Orientierung an einem traditionellen Ideal des chinesischen Staatswesens hindert sie an einer Differenzierung zwischen den verschiedenen politischen Systemen und parteipolitischen Strömungen in Europa. Erst 1905 wird eine Delegation von fünf chinesischen Ministern in Europa mit dem offiziellen Auftrag des Qing-Hofes eintreffen, ausschließlich die Verfassungen und Institutionen sowie die grundlegenden Begriffe und Funktionen politischer Repräsentation zu analysieren.

Der Vergleich der Zivilisationen

Wie beurteilen die ersten chinesischen Diplomaten als Gelehrte und Beamte die europäische Kultur und Zivilisation? In ihren unterschiedlichen Berichten taucht überall Ratlosigkeit hinsichtlich der kulturellen Konjunktur auf, die vom Niedergang des chinesischen Reiches gekennzeichnet ist und davon, daß China seine Selbstisolation unmöglich aufrechterhalten kann.

Militärisch, wirtschaftlich, politisch, diplomatisch, aber auch kulturell befindet sich Europa in einer beherrschenden Position. Auf der einen Seite leiden die Chinesen unter der Dekadenz ihres Landes. Auf der anderen Seite zwingt der Westen ihnen seine Sicht auf die Zivilisationen und seine Wertekriterien auf. In dieser geschichtlich turbulenten Periode sollen die chinesischen Diplomaten zwar auftragsgemäß über eine ihnen unbekannte Welt berichten, ohne sie zu beurteilen. Trotzdem kommen sie natürlich nicht umhin, ab und zu mehr oder weniger vorsichtig ihre Bewertungen der europäischen Zivilisation einfließen zu lassen, und zwar unter den politischen und ideologischen Bedingungen, die vom Westen vorgegeben sind. Gleiches gilt für ihren Vergleich Chinas und Europas. Insgesamt sind ihre Schlußfolgerungen nicht immer kohärent.

In den Schriften von Liu Xihong und Zhang Deyi findet man als erste Beobachtung regelmäßig die Feststellung, daß sich Europa von China grundlegend unterscheidet. Der Westen – vor allem England – erscheint ihnen als eine geradezu auf den Kopf gestellte Welt:

»In England ist alles völlig anders als das, was in China Gültigkeit besitzt. Im Bereich der Politik zählt das Volk mehr als der Monarch. Bei der Geburt eines Kindes zieht man hier eine Tochter einem Sohn vor. Bei Tisch nimmt der Hausherr und nicht der Ehrengast den zentralen Platz ein. Die Schrift läuft von links nach rechts. Bei der Lektüre eines Buchs beginnt man am Ende und schließt mit der ersten Seite. Bei den Mahlzeiten serviert man die Gerichte vor dem Wein. All das erklärt sich dadurch, daß England Antipode Chinas ist. Der Himmel über diesem Land hier befindet sich in Wirklichkeit unter der Erde. Die gesellschaftlichen Umgangsformen und die Institutionen sind genau das Umgekehrte von dem, was wir in China kennen.«[223]

Solche Bemerkungen durchziehen die Reiseberichte mehrerer Abgesandter des chinesischen Reichs und verbleiben im rudimentären Bereich. Die Verfasser kümmern sich wenig oder gar nicht um die Ursprünge der europäischen Zivilisation.

Doch daneben gibt es auch einen zweiten Diskurs. Er durchdringt etwa die Tagebücher von Zeng Jize und Xue Fucheng und sucht die europäische Zivilisation zu bewerten. Zeng zufolge blüht letztendlich in Europa nur die materielle Kultur, und dies noch viel später als in China:

»Ich glaube, daß die Europäer früher Barbaren waren. Literatur und Politik kamen für sie aus Asien. Aus diesem Grund ähneln ihre Sitten und ihre alten Gegenstände denen der chinesischen Antike. Es ist richtig, daß es im Altertum nie Züge, Dampfer und ausgeklügelte Maschinen gegeben hat. Aber die Menschen wissen nicht, daß die Geschicklichkeit der Maschinen von ausreichenden materiellen Ressourcen abhängt. Ohne sie müssen die Maschinen verderben. So ist die Ungeschicklichkeit letztlich mehr wert als der Erfindungsreichtum. Im chinesischen Altertum gab es Maschinen. Doch das Material verdarb, und die Menschen wurden faul. Die Maschinen waren für immer verloren. Man kann sich das alte China vorstellen, indem man Europa heute betrachtet. Man kann die Zukunft Europas erraten, indem man sich das heutige China ansieht. Mit Sicherheit werden die Menschen eines Tages den ursprünglichen Zustand der Dinge wieder aufsuchen, den raffinierten Erfindungsreichtum verwerfen, wieder zur Einfachheit zurückkehren und auf die Kompliziertheit verzichten. Denn die materiellen Ressourcen sind begrenzt und reichen nicht für die Länder der ganzen Welt aus. Von daher ist es unvermeidlich, daß der ursprüngliche einfache Zustand der Dinge den raffinierten ersetzen wird.«[224]

Ist Zeng Jize beunruhigt, weil er ein Ende der natürlichen Quellen des Wachstums sieht, oder verachtet er bloß die industrielle Zivilisation? Wie auch immer, Zeng zufolge hat China im Altertum seine eigene technische Entwicklung bereits hinter sich gebracht. Demzufolge hätten die Chinesen keinen Grund zur Beunruhigung wegen ihrer augenblicklichen Schwäche auf technischem und wissenschaftlichem Gebiet. Denn schließlich müßten auch die anderen Länder notwendigerweise einen analogen Weg beschreiten und wie China in eine Art natürlichen Zustand zurückkehren. In dieser Perspektive wäre das China unter den Qing sogar schon etwas weiter fortgeschritten als Europa, das letztlich sachlich nichts Neues vorzuweisen habe.[225]

Xue Fucheng hat eine ähnliche Sicht auf die europäische Kultur. Er leugnet nicht den Aufschwung der westlichen Zivilisation. Ganz im Gegenteil unterstützt er Guo Songtao, der es Jahre zuvor gewagt hatte, die europäische Zivilisation positiv einzuschätzen.

»1. Mai 1890. Guo Songtao hat seinerzeit so oft seine Bewunderung für die ausgezeichnete Regierung und die besonders guten Sitten in Europa zum Ausdruck gebracht, daß er damit bei der [chinesischen] öffentlichen Meinung der Gelehrten auf Ablehnung gestoßen ist. Ich selbst war auch etwas schockiert über das Übermaß seines Lobes. Aber als ich dann Chen Lanpin und Li Shuchang zum Thema befragte, bestätigte mir der eine wie der andere, daß Guo nichts als die Wahrheit gesagt habe.

Dennoch wurde ich davon erst überzeugt, als ich jetzt selbst nach Europa kam und es von Paris bis London durchquerte. Was Guo Songtao sagte, bewahrheitet sich anhand der Parlamente, der Schulen, der Gefängnisse, der Krankenhäuser, der Straßen und der Landstraßen. Meine Kollegen berichten mir von der Reinheit und der Großzügigkeit der Sitten in den Vereinigten Staaten. Ich denke, daß die Länder des Fernen Westens heute genau auf dem Höhepunkt ihrer Entwicklung angekommen sind. Sicherlich rührt das vom Moment der Evolution her, vom universellen ›Hauch der Energie‹. Doch anfangs war die Bevölkerungsdichte noch nicht so hoch, und der ›Hauch der ursprünglichen Energie‹ hatte sich noch nicht derart verbreitet. Das menschliche Herz und die Sitten waren folglich auf natürliche Weise rein und großzügig.«[226]

In den Augen von Xue Fucheng geht es den europäischen Gesellschaften ohne jeden Zweifel gut. Doch wie erklärt es sich, daß jener »Hauch der Energie« den Westen und nicht den Osten durchstreift? Xue denkt, daß es sich dabei um den Zug der Frische einer jungen Zivilisation handele, den China historisch bereits hinter sich gelassen habe. Er vergleicht die Geschichte des Westens mit den chinesischen Dynastien:

»Amerika hat sich der Zivilisation nach Europa geöffnet, dessen Anfänge seinerseits hinter denen Chinas liegen. Es gibt auch zwischen den verschiedenen europäischen Ländern Abstände. Dementsprechend sind die Sitten mehr oder weniger gefestigt. Die Vereinigten Staaten wären mit dem China der Xia zu vergleichen, Rußland mit dem der Shang und der Zhou, England und Deutschland entsprächen dem China der Han. Muß man Frankreich, Italien, Spanien und Holland mit dem China der Tang und der Song vergleichen? Doch erinnern die Franzosen mit ihrem aufsässigen Geist und mit ihren Fraktionskämpfen eher an die Epoche der vorhergehenden Ming-Dynastie. In den Vereinigten Staaten verursacht die eifersüchtige Gewalt der Irländer regelrechte Jagden auf Chinesen. Man mag also einwenden, was da noch von der althergebrachten Reinheit der Sitten übrigbleibe. Ich würde darauf antworten, daß unsere ersten drei Dynastien ebenfalls innere Unruhen gekannt haben und daß man nicht erwarten kann, daß alle ausnahmslos den guten Weg einschlagen.«[227]

Man erkennt, wie jeder Vergleich zwischen den Perioden der europäischen und der chinesischen Geschichte die Betonung auf den Entwicklungsrückstand des Westens legt. Für Xue Fucheng bleibt die chinesische Historiographie das einzig gültige Bezugssystem. Die Vielschichtigkeit der europäischen Zivilisation scheint ihm zu entgehen. Für ihn ist das antike Rom die Wiege der europäischen Kultur:

»Die griechische und die römische Schrift bilden die Grundlage der Schrift der europäischen Länder. Die Quelle der Wissenschaften geht hier ebenfalls auf Rom zurück. Denn Rom war ein einheitliches Land, dem England, Frankreich, Deutschland und Österreich angehörten. Dadurch haben deren Systeme und Kulturen dieselben Wurzeln. Doch kommt die römische Kultur wiederum aus Griechenland, [...] das seinerseits sein System Ägypten verdankt. Derart steht die ägyptische Schrift insgesamt am Anfang [...]. Vergleicht man Ägypten mit Griechenland, so ist Ägypten primitiv; Griechenland mit Rom, so ist Griechenland primitiv. Vergleicht man Rom mit heutigen Ländern wie England, Frankreich, Deutschland und den Vereinigten Staaten, so stellt man fest, daß diese sich im Laufe der letzten hundert Jahre enorm entwickelt haben. Sie sind den römischen Wissenschaftlern in der Beobachtung der Natur und in der Erforschung des Universums zehnmal überlegen. Es ist wie mit dem Bau eines buddhistischen Turms mit sieben Stockwerken. Die Nachfolgenden bauen immer auf der Basis ihrer Vorgänger auf.«[228]

Xue Fucheng ist auf der Suche nach den historischen Ursprüngen der europäischen Länder, und er zieht gerade Evolutionslinien vom antiken Rom bis zum Ende des 19. Jahrhunderts. Den rasanten Aufstieg des Handels- und Industriekapitalismus berücksichtigt er dabei nicht.[229] Er weigert sich auch, Europa als eine heterogene Zivilisation zu betrachten. Vielmehr räsoniert er weiter über die kulturellen Transfers:

»Sucht man aber die Quellen Englands, Frankreichs, Deutschlands und der Vereinigten Staaten bis Rom, Griechenland und selbst Ägypten, so ist man noch nicht am wirklichen Ursprung angelangt. Wenn man sieht, daß der Gelbe Fluß talabwärts viel Wasser führt, kann man nicht sagen, daß er selbst dafür nicht die Quelle sei. So ist es auch hier. Ägypten befindet sich im Norden Afrikas. Griechenland liegt im Osten Europas und war seinerzeit zur Hälfte in Europa und zur anderen in Westasien angesiedelt. Rom seinerseits verteilte sich auf Asien, Europa und Afrika. Es liegt also auf der Hand, daß sich die Kultur von Osten nach Westen überträgt.«[230]

»Osten« meint hier natürlich China. Unter der Qing-Dynastie macht in der Tat eine Theorie die Runde, wonach die chinesische Zivilisation der Ursprung der europäischen sei. Xue schließt sich dem an. Demnach wird Europa zum Produkt einer kulturellen Transmission aus China, die zudem noch von China bewerkstelligt wird. Derart akzeptiert Xue Europa zwar als blühende Welt, besteht aber darauf, daß die Chinesen als erste zivilisiert waren.

»Es ist wahrscheinlich, daß die Chinesen göttlichen Ursprungs sind und die edelste Rasse darstellen. Europa hat sich etwas später als China zivilisiert. Doch Genies werden nacheinander geboren. Geht man zum Ursprung der Menschheit zurück, so stellt man fest, daß Asiaten Europa besiedelten. Aus diesem Grund sind die Menschen dort ebenso intelligent und schön wie die Chinesen. Andere Völker sind damit nicht vergleichbar.«[231]

Folglich seien Chinesen und Europäer die zwei herrschenden Ethnien auf dieser Welt. Und in derselben Konsequenz unterstützt Xue die europäischen Kolonisatoren. Afrika werde eines Tages ebenso »zivilisiert« sein, wie es sich in Südamerika abzeichne und in Nordamerika bewiesen habe. Dabei ist im übrigen von der ursprünglichen Bevölkerung keine Rede.

»Die Länder Südamerikas haben sich erst seit zwei- oder dreihundert Jahren zivilisiert. Die Gebildeten, die Kaufleute, die Soldaten oder die Farmer sind fast alle Engländer oder Spanier. Die Eingeborenen – und nicht bloß die roten Barbaren – sind im Aussterben begriffen. Selbst wenn Eingeborene manchmal in den Rang der Gebildeten und der Kaufleute aufsteigen, so haben sie sich durch Verwandschaftsbeziehungen mit Europäern seit mehreren Generationen bereits ein wenig verändert.«[232]

Die alten Kulturen des amerikanischen Kontinents kennt Xue Fucheng nicht. Im übrigen meint er, daß die ethnischen Minderheiten generell Barbaren seien und daß ihr Untergang unvermeidbar sei.

»Ich erinnere mich an mein Erstaunen und an meine Zweifel bei der Lektüre der Genealogie der großen Familien, wonach alle Namen des Universums sich von unseren drei mythischen ersten Kaisern herleiteten. Demnach wären die kleinen Leute im Anfang der Zeit ohne Nachkommen geblieben. Heute halte ich diese These nicht mehr für unvernünftig, auch wenn ich sie nicht wortwörtlich übernehmen will. Es existieren nämlich in der Tat gewisse Ungleichheiten zwischen den verschiedenen Menschenrassen. Solange sie getrennt und jede für sich in ihren Gebieten leben und ihre ›Lebensenergien‹ sich nicht vermischen, bleiben sie erhalten, so wie die Miao, Yao, Chuang und Liao, die auf dem Grunde ihrer Gebirge sich ganz natürlich fortpflanzen. Doch wenn sie mit anderen zusammenleben, blühen die erhabeneren Rassen auf und vermehren sich von selbst, während die unteren von selbst untergehen, ohne daß man etwas dagegen tun könnte; so wie das Strauchwerk unter Pinien und Zypressen verkümmert oder das Unkraut verschwindet, wo Reis oder Hirse gedeihen. Das ist ein Gesetz der Natur.«[233]

Wenn Xue Fucheng seine Sympathie für die Kolonisierung durch die europäischen Großmächte zum Ausdruck bringt, so liegt der Grund dafür darin, daß er die innere Sinisierungspolitik der Qing-Regierung unterstützt, die alle nicht den Han angehörende Bevölkerungsgruppen betrifft. Dabei übergeht er allerdings stillschweigend die Tatsache, daß diese Politik mit einer Verteibung der Miao, Yao, Yi und anderer verbunden ist, die sich in die Berge flüchten, während die Regierung gleichzeitig Han-Chinesen in den Territorien der ethnischen Minderheiten ansiedelt. Zudem verschmelzen bei ihm die Begriffe »Zivilisierung« und »Kolonisierung«. Damit greift er nicht nur ein chinesisches, sondern auch ein westliches Argumentationsmuster des 19. Jahrhunderts auf.

Verständlich werden die Überlegungen von Zeng Jize und

Xue Fucheng, wenn man sie im Kontext der ansonsten in China verbreiteten systematischen Ablehnung Europas liest, gespeist aus einer allgemeinen Wut der gesamten Bevölkerung, aus Fremdenhaß der ungebildeten Schichten, aus Überlegenheitsgefühl der chinesischen Eliten, aus protonationalistischer Scham angesichts der chinesischen Unterlegenheit gegenüber dem Westen.[234] Zeng und Xue gehören offensichtlich der letzten Gruppe an, und ihre Darlegungen sollen ihr Publikum überzeugen, daß es wichtig sei, nach europäischem Modell überfällige Reformen in China einzuführen, in deren Rahmen China aber seine dominierende Position als historisch erste und überragende Kultur behaupten könne. Xue Fucheng offenbart sich indirekt bei der Wiedergabe der Worte eines Belgiers, den er auf einem königlichen Bankett trifft:

»Die chinesische Kultur glänzt in aller Pracht, und das chinesische Volk ist das arbeitsamste aller Völker. Wenn Ihr die westlichen Methoden annehmt, werdet Ihr in kurzer Zeit erstarken. Der diplomatische Weg ist unvermeidlich. Damit will ich nicht sagen, daß man bei der Stärkung eines Landes die Traditionen vernachlässigen solle. Die Japaner haben ihre Kleidung gewechselt. Selbst uns Europäern ist das egal. Vielmehr muß man die Qualitäten des anderen suchen und seine Fehler verwerfen.«[235]

Es ist deutlich, daß hier Xue Fucheng selbst spricht. Und nach der Bemerkung, seit 100 Jahren hätten die europäischen Länder ihre Macht laufend vergrößert, äußert er seine Kritik wie folgt:

»Wenn man aber heute darüber spricht, sind die Menschen entweder von der Stärke des Westens verblüfft, oder aber sie spielen seine Stärke herunter und weigern sich, seinem Beispiel zu folgen, weil das nicht der Würde eines solch großen Landes wie China entspreche. Ich finde, daß beide Haltungen Ausdruck von Mittelmäßigkeit sind. [...] Denn schließlich sind die politischen Formen und die Techniken Erfindungen von Spezialisten, basieren auf allgemein anerkannten Theorien und gehören nicht ausschließlich dem Westen. Sind die Chinesen bei ihren Studien weniger intelligent als die Europäer? Nein, aber sie verausgaben all ihre Energie und ihre ganze Jugend mit Schönschrift, anstatt sie wie Millionen von Europäern dem praktischen Wissen zu widmen und schließlich auf einem Gebiet Spezialist zu werden. Man braucht also keinen Minderwertigkeitskomplex zu pflegen, aber auch keine Überheblichkeit zur Schau zu stellen.«[236]

Xue Fucheng verfolgt in der Tat die Absicht, die Scham der chinesischen Intellektuellen und Beamten angesichts der europäischen Überlegenheit aufzulösen. Deswegen besteht er immer wieder darauf, daß China der Ursprung jeglicher Kultur sei. Weiter folgert er:

»Wenn die Europäer sich ohne zu zögern von der chinesischen Kultur inspirieren lassen, um größere Erfolge zu erzielen, warum sollten dann die Chinesen zögern, von den Europäern Dinge zu lernen? [...] Wer weiß, ob nicht in ein paar tausend Jahren die Chinesen neue geniale und universelle Erfindungen machen werden, welche die Europäer in Erstaunen setzen werden, welche sie lernen wollen?«[237]

Auf diese Weise versteckt oder verdrängt Xue Fucheng seine Absicht, die chinesische Gesellschaft nach dem Modell der europäischen reformieren zu wollen. Zugleich drückt sich in seiner intellektuellen Verkleidung auch eine Ratlosigkeit aus.[238] Die sachlichen Reformziele sind für ihn wie für die meisten seiner Kollegen recht klar vorgegeben. Das Problem besteht darin, sie ohne Gesichtsverlust vor sich selbst und auch vor der kritischen öffentlichen Meinung des chinesischen Beamtenapparats zu vertreten. Der fühlt sich durch die Nachricht bestätigt, daß China das universale Zivilisationsmodell sei, während ihn die Berichte über die Entfaltung der europäischen Kultur stören.

Nur Guo Songtao stellt eine Ausnahme dar. Er zeigt seine volle Bewunderung der glänzenden europäischen Kultur des 19. Jahrhunderts und notiert den Niedergang der chinesischen Gesellschaft. Bereits bei seiner Ankunft in London fragt er sich, ob die europäische Zivilisation nicht von der Kultur seines eigenen Landes beeinflußt worden sei. Dabei zieht er auch geographische Argumente heran. Schließlich werde das Mittelmeer vom asiatischen Kontinent und zugleich vom Ursprungsland der europäischen Zivilisation begrenzt. Natürlich habe die chinesische Kultur zur europäischen Zivilisation beigetragen. Immerhin hätten die Mittelmeeranrainer Persien und Arabien bereits zur Zeit der Han-Dynastie Beziehungen zu China unterhalten.[239] Doch Guo bleibt von der Ignoranz der chinesischen Intellektuellen über den Niedergang Chinas beunruhigt.

»Die ›Times‹ hat einige Briefe aus Shanghai veröffentlicht. Manche Berichte sind stark. Ein Brief ist eine öffentliche Selbstkritik. Darin heißt es, daß die Chinesen sich angesichts von Naturkatastrophen unfähig zeigten. China habe nichts organisiert und sei dafür selbst verantwortlich. China habe beispielsweise keine vorbeugende Arbeiten wie etwa für Kanalisierungen oder Bewässerungsanlagen durchgeführt. Ein hilfreiches Kommunikations- und Transportwesen wie etwa Telegraph oder Eisenbahn sei ebenfalls nicht eingerichtet worden. Die Herstellung von Geld erleichtere den Binnenhandel. Der ausländische Handel stoße dadurch zwar auf keine Hindernisse, profitiere aber auch wenig davon. China hingegen verfüge über viel Kapital und könne davon profitieren. Doch habe China alle Möglichkeiten mit dem Argument ausgeschlagen, fremde Länder hätten kein Recht, sich in das chinesische Geldwesen einzumischen. So geht alles weiter seinen gewohnten Gang, China ist blockiert und wacht nicht auf. Und seine Zukunft bleibt unsicher!«[240]

Hier bedient sich Guo Songtao fremder Analysen und Meinungen, um auf die dringende Notwendigkeit der Öffnung und Modernisierung Chinas hinzuweisen. Bereits die Einführung von Post und Eisenbahn stößt auf energischen Widerstand der chinesischen Beamten, die die Traditionen und Autonomie des Landes in Gefahr sehen. Schließlich seien es Europäer, die mit ihren Techniken die neuen Strukturen einführten. Im Gegensatz zu dieser ablehnenden Haltung zeigt Guo keinerlei Scheu, fremde Hilfestellungen für die Modernisierung zu fordern. Zur

Weltausstellung von 1878 schickt England Ingenieure nach Paris, um den Stand der neuesten technischen Entwicklungen zu verfolgen. Guo Songtao kommentiert das wie folgt:

»Es fehlt in diesen Ländern nicht an Begabungen. Aber sie müssen sich noch anstrengen, um diese in kollektive Produktivität umzusetzen. China hingegen bleibt unbeteiligt. Die Diskussionen über die Beziehungen zum Westen provozieren immer wieder Skandale, die Entsendung von Botschaften nach Europa schmeichelt der chinesischen öffentlichen Meinung nicht. Es würde für eine knechtische Schmeichelei gegenüber den Ausländern gehalten. Ich habe Tang Jingxing aufgesucht und Li Fengbao geschrieben, um ihnen zu empfehlen, auf keinen Fall die Verdienste der Europäer herauszustellen. Die chinesischen Gelehrten sind derart altersschwach und verwirrt! Was könnten selbst Heilige mit diesen Leuten anfangen?«[241]

Guo beobachtet, daß eine der Stärken Europas darin besteht, fremde Elemente und Techniken zu integrieren, Kommunikation und Austausch zu suchen, während China sich einschließe und abkapsele. Er spielt auf das ethnozentrische und fremdenfeindliche Milieu an, in dem er sich in China bewegte. Das positive Urteil über eine fremde Kultur ist dort gleichbedeutend mit gesellschaftlicher Isolierung. Er selbst folgt nicht seinem eigenen Rat an Li Fengbao, in der Heimat keine Feindseligkeiten zu erwecken. Es gelingt ihm nicht, seine Sorge um China in eine für seine Landsleute akzeptable Form zu kleiden.

»Die Xiongnu waren verschwunden, und die Mongolen siegten. Die Mongolen waren im Absteigen begriffen, als die europäischen Länder erfolgreicher waren als China. Nach den Qin und den Han ist das Dao in China verloren. Der Himmel sucht die aus, die er aufrichten will. Wer das Dao respektiert, gefällt dem Himmel. Sind für die weisen Völker zwischen den vier Weltmeeren die Gefühle und die Vernunftgründe in Antwort auf die Anforderungen des Himmels unterschiedlich? Und doch sagen einige: ›Bis auf eine Ecke im Osten, China, ist der Rest der Welt barbarisch.‹ Ich selbst wage nicht, diese Meinung zu teilen.«[242]

Das Dao (wörtlich: der Weg) bezeichnet hier das Gesetz der Natur, das der ganzen Menschheit gehört. Die Welt gehört umgekehrt denen, die dem Dao folgen, und denen, die den Umständen entsprechend handeln. Guo Songtao entwirft hier das Bild eines Transformationsprozesses der Zivilisationen, in dem das Reich der Mitte nicht mehr die einzige zivilisierte Welt ist, welche die anderen dominiert. Auch er glaubt, daß die europäischen Mächte den kolonisierten Ländern die Zivilisation gebracht hätten. Dabei bedauert er den Mißerfolg bei der Sinisierung der »Barbaren«. Er fragt sich, wie es möglich sei, daß seit den Qin- und Han-Dynastien jedes von China eroberte Gebiet in die Dekadenz abstieg, während es Europa gelinge, die Sitten der »Barbaren« in seinen Kolonien zu transformieren und seine Gesetze zu übertragen. Guo wünscht sogar, daß die mit China in Verbindung stehenden Länder nicht von der sittlichen Dekadenz des Reichs der Mitte angesteckt werden. Er zögert auch nicht, auf der Überlegenheit der europäischen Zivilisation zu bestehen. Wie Xue Fucheng schätzt er die nationale und kolonialistische Expansion als Beweis der Stärke eines Staates und als Mittel der Zivilisierung von »Barbaren« ein. Es kommt ihnen nicht in den Sinn, daß es sich beim Kolonialismus um die Unterwerfung fremder Zivilisationen handeln könne. Darüber hinaus enthüllt Guo Songtao mit einigem Mut, welch geringen Respekt die Europäer China zollen:

»Der König von Persien reiste kürzlich nach London. Der englische Souverän verlieh ihm einen Orden. Die ›Times‹ machte sich darüber lustig: ›Verdient ein Halbzivilisierter eine solche Auszeichnung?‹ Im europäischen Sprachgebrauch nennt man diejenigen Länder zivilisiert, in denen die politischen Systeme gut ausgearbeitet und die Völker von guter Moral sind. Die europäischen Länder nennen sich selbst so. Die anderen, wie etwa China, die Türkei und Persien, werden als halbzivilisiert angesehen. Man nennt die afrikanischen Länder ›barbarisch‹, was auf Chinesisch ›wild‹ heißt.

Vor den Drei Dynastien war nur China ein zivilisiertes Land. Dadurch wurden die weiter entfernt liegenden Regionen alle als barbarisch bezeichnet. Seit der Han-Dynastie verfällt die chinesische Zivilisation, während die europäischen Länder triumphieren. Sie betrachten China so, wie China in der Epoche der Drei Dynastien die Barbaren betrachtet hat. Doch nur wenige chinesische Gebildete sind sich dessen bewußt. Wie traurig das ist!«[243]

Guo Songtao übermittelt die Vorstellungen der Europäer von den Ländern des Orients. Es ist eine Welt, in der der Westen dominiert. Die Hierarchisierung zwischen den Zivilisationen und Völkern ist sicherlich anfechtbar. Für seine chinesischen Kollegen, an die er seine Aufzeichnungen richtet, sind Guos Überlegungen schockierend. Aber er ist derart aufgewühlt, daß ein starkes, überlegenes, ehemals barbarisches Europa nunmehr auf China als barbarisches Land herabsehen kann, daß er die chinesischen Beamten und Gelehrten geradezu wachrütteln und aus ihrer selbstzufriedenen Überzeugung herausreißen will. China, versucht er ihnen drastisch klarzumachen, ist nur eine unter mehreren Erscheinungsformen in der Weltgeschichte der Zivilisationen.

Niemand unter den chinesischen Diplomaten bezweifelt mehr, daß der »ferne Westen« eine entwickelte Kultur ist, die materiell entwickelter ist als China. Keiner von ihnen benutzt das Wort »Barbaren« für die zeitgenössischen Europäer. Ihr gemeinsames Problem ist die Stellung Chinas. Sie lösen es auf unterschiedliche Weise, bieten verschiedene Varianten an, um Chinas Position historisch, aktuell und für die Zukunft zu retten. Bei allen Divergenzen halten sie jedoch immer an einer Grenzziehung zwischen der barbarischen und der zivilisierten Welt fest. Es fällt ihnen schwer, sich historisch wie für die Gegenwart eine Vielfalt an Kulturen vorzustellen und diese anzuerkennen.

Schlußwort: Der fremde Blick auf das imperialistische Europa

Die ersten chinesischen Diplomaten schenken der europäischen kulturellen Tradition, den Lebensstilen, den Sitten, dem Erziehungssystem, den politischen Herrschaftsformen größte Aufmerksamkeit und begreifen sie als Konstanten von langer Dauer. Die revolutionären Transformationsprozesse, welche die westlichen Länder im 19. Jahrhundert durchmachen, nehmen sie dagegen nur oberflächlich wahr. Der zyklisch boomende Kapitalismus, aber eben auch seine weltweiten Krisen seit 1857 entgehen ihnen. Letztlich abstrahieren sie von der europäischen politischen Historie und der Sozial- und Wirtschaftsgeschichte insgesamt. Ihre Blicke konzentrieren sich auf die traditionelle europäische Konzeption der verfeinerten Kultur. Natürlich schätzen sie die Vorteile und Annehmlichkeiten der Modernisierung, auch wenn die Beziehungen zwischen Industrialisierung, Kapitalisierung und Lebensstandard ihnen nicht durchsichtig sind. Sie entdecken ein Europa, dessen alte Zivilisation jede Menge politischer, spiritueller, intellektueller und künstlerischer Ideen und Praktiken hervorgebracht hat. Gleichzeitig sind sie fortlaufend damit beschäftigt, die gesellschaftliche und moralische Organisation ihres eigenen Landes mit der europäischen Kultur zu vergleichen und zu beurteilen.

Manche Beschreibungen sind recht ungenau. Dennoch ist die Herangehensweise der chinesischen Diplomaten von der Sache her anthropologisch oder ethnosoziologisch. Dabei handelt es sich zwar noch nicht um eine strikt wissenschaftliche und disziplinäre Methode. Die ist umgekehrt auch in Europa noch nicht vorhanden und erst im Entstehen begriffen. Aber die Chinesen nehmen nicht nur Tatsachen und Verhaltensformen des Alltagslebens wahr, sondern sie suchen eine Struktur, eine Logik des materiellen Lebens und der Praktiken zu erschließen. Sie sind vom Konfuzianismus geprägt und erwarten dementsprechend, auch in Europa ein zusammenhängendes Wertesystem vorzufinden, das alle Verhaltensformen hierarchisch leitet, beeinflußt und beherrscht. Derart abstrahieren sie notwendigerweise von vornherein von praktisch allen Umwälzungen und Krisen des zeitgenössischen Europa einschließlich des Industriekapitalismus. Und sie finden keine traditionelle Ideen- oder Kulturgeschichte, sondern konstruieren sich eher die Elemente eines Wertesystems, welches sie für das des Westens halten.

Ihr Blick auf Europa erscheint zunächst naiv. Doch dann zeigt sich, daß sie permanent die Differenz Westeuropas zu China reflektieren. Diese Reflexion kreist insbesondere um Begriffsdefinitionen. Manche europäischen Begriffe existieren im Chinesischen nicht und finden auch keine Analogien. Natürlich tauchen einige Konfusionen auf, wenn es um Politik oder Religion in Europa geht. Indirekt geben die Diplomaten außerdem ihre eigenen politischen und moralischen Hoffnungen für China wieder. Tatsächlich müssen sie in ihren Berichten alles Beobachtete in traditionelle chinesische Begriffe fassen, bevor sich eine moderne Begrifflichkeit des Chinesischen entwickelt.

Die kaiserliche Regierung erwartet von ihren Gesandten Berichte über Sitten, Gebräuche und Institutionen in den europäischen Ländern, keine bewertenden Stellungnahmen. Folglich treten die Diplomaten mit ihren eigenen politischen Positionen in den Hintergrund und halten Distanz. Liu Xihong etwa ist ein ausgesprochener Konservativer; dennoch berichtet er präzise über Institutionen und Funktionsmechanismen der parlamentarischen Systeme. Xue Fucheng hingegen, ein engagierter Reformer, irrt sich bei der Unterscheidung der verschiedenen Formen der politischen Repräsentation.

In den Jahren zwischen 1870 und der Jahrhundertwende bemerkt man keine qualitative Veränderung, keine Vertiefung im Verständnis Europas. Es ließe sich schwerlich behaupten, daß Xue Fucheng, der chinesische Botschafter in London 1891 bis 1894 in seinen Berichten an den Hof anders vorginge als der erste Botschafter Guo Songtao, der 1876 bis 1879 in London war. Die Ausbildung, intellektuelle Formierung und die Rekrutierung des diplomatischen Personals haben sich nicht verändert. Dennoch handelt es sich nicht um einen bewegungslosen Prozeß. Vielmehr durchquert und überwindet er mentale Blokkaden, intellektuelle Zweifel, Ungewißheiten, Komplexe. Die beziehen sich dann wieder zurück auf die Verortung der chinesischen Zivilisation.

Die »Kosmopoliten« Europas haben immer wieder auf zeitlich oder geographisch entfernte wirkliche oder vorgestellte Kulturen zurückgegriffen, wenn sie die eigene gegenwärtige Gesellschaft kritisieren oder neu orientieren wollten. Die Humanisten des 15. und 16. Jahrhunderts zitieren die Antike Griechenlands und Roms. Voltaire bezieht sich in seinem »Essai sur les mœurs« auf die von den Jesuiten vermittelte Kultur des Konfuzianismus, um von da aus das französische despotistische System von Politik und Kirche anzugreifen. Nach dem Vorbild von Montesquieus »Lettres persanes« entsteht im Europa des 18. und frühen 19. Jahrhunderts eine ganze Bibliothek von Texten nach demselben Muster: Ein Orientale, Afrikaner, Indianer oder Chinese beschreibt Europa mit fremdem Blick und arbeitet die Verrücktheiten, die Absurditäten dieser Zivilisation im Übergang heraus – eine Technik der Verfremdung zur Aufdekkung der kulturellen Entfremdungserscheinungen.

Bei den wirklichen Berichten der Chinesen aus Europa handelt es sich um eine andere Literatur. Sie ist das Ergebnis einer oft schmerzhaften und bestürzenden Erfahrung, in der sich angenehme Überraschungen und Unter- oder Überlegenheitskomplexe abwechseln. Zum einen ist der Westen bereits mit Missionaren, Soldaten und Kaufleuten überwiegend gewaltsam in China eingedrungen. Das damit repräsentierte Europa stellt sicherlich für die Chinesen nicht gerade das Gelobte Land dar. Zum anderen dominieren im chinesischen Umgang mit dem Westen weiterhin Ethnozentrismus und manchmal auch Xenophobie. Es ist die überlegene, die materielle Kultur Europas, welche die Diplomaten in erster Linie interessiert.[244] Ein weitergehendes – etwa historisches, geistiges, intellektuelles – chinesisches Interesse an der westlichen Zivilisation Ende des 19. Jahrhunderts wird von dieser selbst gerade wegen ihrer imperialistischen Dominanz und Arroganz erstickt. Ein dem westlichen Orientalismus entsprechender chinesischer Okzidentalismus gar entwickelt sich nicht.

Aus soziologischer Sicht liegen die Dinge komplizierter.[245] In den Berichten, Tagebüchern und Notizen der ersten chinesischen Diplomaten in Europa findet man Dokumente einer originalen Fremdbeschreibung Europas. Jeder Autor geht anders vor. Dennoch lassen sich Ausgangsbedingungen, Grundmuster, Regeln unterscheiden.

Zu den Ausgangsbedingungen gehören die historisch aus einem globalen Machtgefälle erzwungene, erniedrigende Teilnahme an einem unbekannten semantischen System, der Diplomatie, wie sie sich seit dem späten 17. Jahrhundert in Europa entwickelt hat. Dazu gehört weiterhin das Fundament einer traditionellen chinesischen Sozialisation als Gelehrter/Beamter mit bestimmten gesellschaftlichen Orientierungen. Hinzu kommt schließlich der offizielle Auftrag, diese erzwungene Teilnahme an einem fremden System zur Fremdbeobachtung zu nutzen und diese in durchaus praktischer Absicht nach China rückzuvermitteln. Allerdings spielen bei der Beobachtung auch unterschiedliche Interessen eine Rolle. Der junge Zhang Deyi ist mehr und anders am gesellschaftlichen Leben und insbesondere an den Beziehungen zwischen jungen Männern und Frauen interessiert als sein Chef Guo Songtao mit seinen zwei Ehefrauen.

Grundmuster der chinesischen Fremdbeobachtung sind Kontrast und Gegensatz zu chinesischen Verhaltensweisen und Systemen. Um zu »verstehen«, werden wiederum drei Herangehensweisen ausprobiert. Die erste und naheliegendste ist die teilnehmende Beobachtung. Was in einem Park, auf einer Abendgesellschaft, einem Ball, kurzum im sozialen Leben passiert und abläuft, läßt sich nicht von außen, vor den Toren mitbekommen. Die zweite versucht, im fremden Geschehen anthropologische Konstanten in anderer Formgebung wiederzuerkennen. So sind das Verhältnis zwischen den Geschlechtern und die Bildung von Familien und Filiaturen universal, aber doch anderen Regeln unterworfen. Helfen Kontrastierung und gegensätzliche Darstellungen nicht weiter, gehen die Autoren zur Beschreibung von Formen des Verhaltens und der Beziehung, zur Darstellung ihrer Struktur, Architektur, Dynamik über und versuchen, dem Skript und der dahinter verborgenen Logik auf die Spur zu kommen, so etwa in bezug auf die Gastronomie oder das Theater. Als Fragemuster überwiegen hier Hierarchie, Zeremoniell, Ritus, Macht- und Herrschaftsverhältnisse. In kritischen oder ungewissen Analysemomenten greifen die Diplomaten auch auf Erklärungen zurück, die europäische Tradition, Herkommen, Geschichte bemühen.

Nicht alles läßt sich den Adressaten in China mit den Techniken des Gegensatzes, des Kontrastes, der sozialen Logik vermitteln. Manche Phänomene entziehen sich völlig der chinesischen Systematisierung, seien es Eisenbahn, körperlicher Kontakt zwischen Mann und Frau, Tanzkonfiguration, politische Repräsentation oder dezentralisierte Selbstdisziplin. Hier bemerkt man in den Berichten eine Tendenz, die den Erfolg, die Effizienz, die Ökonomie, eine andere Art von gesellschaftlicher Kalkulation und Rationalität unterstreicht.

Systematisch betrachtet findet hier folgendes statt: Die chinesischen Diplomaten nehmen auf ihrer Mission Unterscheidungen vor, sie bestimmen Europa als Anderes. Die Unterscheidung selbst ist noch nicht reflexiv. Erst dadurch, daß sie wieder in die chinesische Gesellschaft eingebracht und verarbeitet wird – von konservativer Ablehnung bis zu Modernisierungsbemühungen –, erzeugt die berichtete Differenz Rückkoppelungseffekte und geht wiederum in die Handlungen und Erwartungen der chinesischen Gesandten im Westen ein.

Doch die Chinesen beobachten nicht nur, sie werden auch selbst beobachtet: von ihren chinesischen Kollegen, Vorgesetzten, der Regierung, der Presse, den Beamten, dem Lesepublikum in China, aber auch von den Europäern, von Diplomaten und Politikern bis zu einem breiten neugierigen Publikum, schließlich auch von Europäern, die China aus eigener Erfahrung kennen, also selbst beobachten und unterscheiden.

Die den Beobachtungen nachgeschobenen Erklärungen der Unterschiede sind vielfältiger Natur: Herrscherinteressen, Riten, Geschichte, Vorteil/Nachteil, Ökonomie/Verschwendung, personelle Beziehungen, Unter-/Überordnung, Funktionen, Macht, Hierarchien, Klassen, Schichtungen. Manche Erklärung geht völlig daneben, andere sind in unseren Augen verblüffend (eine Beschreibung und Evidenz nach chinesischen Kriterien), wieder andere sind Fremdbeobachtungen im Objekt selbst, entweder als Beschreibung von Funktionen und Differenzierungen oder als Handlungs- bzw. Gebrauchsanleitung.

Wenn Europa oft das genaue Gegenteil Chinas ist, gleichsam eine verkehrte Welt, muß erklärt werden, warum (zur logischen Erklärung wird nach dem Grund gesucht, zur historischen nach dem Ursprung), mit welchem Ziel, wie es funktioniert und was es zusammenhält.

Manche Dinge sind einfach evident, so etwa in den Bereichen Rüstung, Technologie, Transport. Andere Bereiche Europas beschäftigen die Chinesen, weil sie nicht unmittelbar sichtbar, sondern abstrakte Verhältnisse sind. Der Gesellschaftstanz etwa lebt aus der Spannung von körperlichem Kontakt, Sexualität, Beherrschung/Disziplin, ästhetischer Konfiguration und Rhythmik. Wer tanzt, kann dies beim Tanzen selbst nicht erklären, er kann nur gut oder schlecht tanzen. Unsere Chinesen beobachten, tanzen aber nicht.

Die Abwesenheit offener Repressionsgewalt, körperlicher Züchtigung, öffentlicher Bestrafung; die Aufhebung gesellschaftlicher Hierarchien in Bereichen, wo sie nicht gültig sind; das Fehlen genereller Zentralagenturen der Gesellschaft; die Prinzipien der Vergesellschaftung und der individuellen Bürgerschaft, der politischen Repräsentation – all das fällt in diesen Bereich abstrakter Gesellschaftsverhältnisse, die in China unbekannt sind, die in Europa aber funktionieren und dennoch nicht »greifbar« sind.

Manches an diesen Fremdberichten über derartige europäische Praxisformen ist heute besonders wertvoll, denn vieles wird ganz selbstverständlich getan, nicht beobachtet und reflektiert. Erst ein Außenstehender kann dies beobachten, Differenzen konstatieren. Erst als fremde Unterscheidung fällt auf, was es beim Essen, beim Tanz, bei der Herrschaft an Besonderheiten gibt. Die Berater helfen vermittelnd bei der Akkulturation. Das alles wird dann wieder als Unterscheidung, Kenntnis, Mittel der Selbstbeobachtung in wesentliche Bereiche der chinesischen Gesellschaft zurückgeführt.

Die chinesischen Diplomaten sind zugleich Opfer des westlichen Interesses an Kompatibilität. Europa und die USA wollen das Eigene wiedererkennen, dieselbe Rationalität oder Funktionslogik in Ökonomie, Recht, Verträgen, Diplomatie, Kalkulation und Betriebswirtschaft vorfinden, von der Infrastruktur zwischen Ausbildung und Transport sowie Verwaltung und etwa Kommunikation ganz zu schweigen. Der Westen zwingt China diese Logik mit militärischer Gewalt auf. Es ist die Strategie der »Öffnung«, der Konzessionen, der Vertragshäfen, der Erschließung des Umfelds als potentiellem Markt. Die Konzessionen sind Räume, in denen westliche Rationalität dominiert. Dadurch ist die europäische Fremdbeobachtung vor Ort anderer Art als die der Chinesen in Europa. Westler in China sind nicht gezwungen zu beobachten, zu untersuchen, zu unterscheiden, das Unterschiedene zu erklären und zu verstehen und außerdem über das eigene westliche System und seine Praxis zu reflektieren. Dadurch findet auch keine generelle Selbstbeobachtung in der Fremde statt. Sie ist eine seltene Ausnahme professioneller »Reflexionseliten«.

Für die Europäer gibt es auch anders als für die Chinesen keine zentrale Agentur, der umfassend Bericht erstattet werden müßte. Das wiederum liegt genau an der effizienten arbeitsteilig dezentralisierten Gesellschaft des Westens ab der Mitte des 19. Jahrhunderts. Sicherlich gibt es die neue Erfindung des Nationalstaats. Berichten muß man gegenüber dem Unternehmen nur über das Geschäft, dem Außenministerium nur über die diplomatischen Angelegenheiten, der Marine nur über Schiffsangelegenheiten, der jeweiligen Kirche nur über die jeweiligen Missionierungen.

Eine Sonderstellung nimmt der Europäer ein, der (eventuell gleichzeitig in westlichen und) in chinesischen Diensten steht. In diesem Fall ist die Person selbst eine Kommunikationsschnittstelle mit Aufgaben, die als Funktionen für Europa und zugleich für China doppelt beschrieben werden können, jedoch nicht zusammen in der Form einer Synthese. Zumindest bietet hierfür die sozialhistorische Forschung bislang keine erkennbaren weiterführenden Angebote.[246]

Der wesentliche Unterschied zwischen beiden Fremdbeobachtungen liegt darin, daß von den Europäern die Unterscheidung nicht noch einmal in das eigene System zurückgeführt wird. Sie durchläuft also auch nicht immer wieder aufs neue die eigene Gesellschaft und wird somit nicht deren Teil, wie es in China als paradoxale Entfaltung und als Management dieses Paradoxes geschieht. Denn es handelt sich allgemein gesprochen gleichzeitig um Konservierung und Modernisierung. Verwaltet werden kann dieser Widerspruch, indem er zeitlich gestreckt wird. Aufgelöst werden kann er erst unter der Bedingung, daß wesentliche Funktionsbereiche der Gesellschaft wie im Westen in ihre Selbständigkeit entlassen werden und sie sowohl gesellschaftsimmanent wie transnational miteinander frei kommunizieren können. Das traditionelle chinesische Wertesystem kann als ein Funktionsbereich neben anderen bestehenbleiben, ohne diese jedoch zu dominieren. (Eine Person, die an allen teilnimmt, kann ihn aber als besonders wichtig schätzen.) Dadurch bleibt die Unterscheidung zu Europa durchaus bestehen. Sie ist nur in die Gesellschaft selbst als ein Funktionsbereich integriert.

Diese Differenz der Fremdbeobachtung zeichnet sich insbesondere dadurch aus, daß die chinesische Funktionselite und dann die ganze chinesische Gesellschaft mit physischer Gewalt gezwungen werden, die Unterscheidung zu treffen, zu beobachten und rückzuführen, die Europäer hingegen nicht, mit Ausnahme weniger professioneller Spezialisten: Sinologen, Volkskundler, Pädagogen, Experten, die zusammen einen eigenen Funktionsbereich ausfüllen. Davon ist dann aber nicht die ganze westliche Gesellschaft betroffen wie die chinesische. Diese wird in den Worten Rousseaus notwendigerweise »gezwungen, frei zu sein«, und das ohne jede Chance einer Umkehr.

Anmerkungen

1 Feng Youlan, Histoire de la philosophie chinoise, Paris 1985, S. 202.
2 Immanuel Hsü, China's Entrance into the Family of Nations, 1858–1880, Cambridge/Mass. 1960, S. 198.
3 D.C. Boulger, The Life of Sir Halliday Macartney, London 1908, S. 265.
4 Journal d'un mandarin, S. 74.
5 Shenbao 12/02/1886.
6 Boulger, Life [wie Anm. 3], S. 302.
7 H. Cordier, Histoire des relations de la Chine avec les puissances occidentales, Paris 1902, Bd.1, S. 133, S. 136.
8 »A Chinaman in London«, in: Blackwood's Magazine, Okt. 1901, S. 429.
9 Cordier, Histoire [wie Anm. 7], S. 134.
10 A.S. Parker, »The Diary of Marquis Tseng«, in: Chinese Record and Missionnary Journal, Juli 1891, S. 298.
11 Hsü, Entrance [wie Anm.2] S. 201.
12 Cordier, Histoire [wie Anm. 7], S. 206–1.
13 Guo Songtao, Yangzhi shuwu quanji, Bd. 1, 12: 7–9.
14 Zeng Yongling in Guo Songtao dazhuan, S. 221.
15 Guo Songtao, Bd. 1, 12: 7–9.
16 Zeng Yongling, S. 236, S. 265–7.
17 Zheng Jize, chushi yingfaeguo riji, S. 115.
18 Parker, Diary [wie Anm. 10], S. 289.
19 Zeng Yongling, S. 344.
20 Xue Fucheng riji, S. 418–9.
21 Zhong Shuhe in: From East to West, S. 91.
22 W. Bauer, Das Antlitz Chinas, München 1990, S. 540–544.
23 J. Gernet, Chine et Christianisme, Paris 1982, S. 326.
24 Montesquieu, Vom Geist der Gesetze, übers. u. hg. v. Ernst Forsthoff, 1. Bd., Tübingen 1992, S. 424.
25 Tang Qingxue, »›Xixue zhongyun‹ shue de lishi kaocha« in: Anhui shixue, Oktober 1988, S. 28–34. Quan Hansheng, »Qiangmo de xixue yuanchu zhongguo shuo« in: Lingnan xuebao, Bd. 4, Nr. 2, 1935, S. 59–102.
26 Ein Werk, das im 4. Jh. erschienen ist und die mathematischen Entdeckungen von der Dynastie der Qin bis zu der der Han des Ostens darstellt (221 v.u.Z.–220 n.u.Z.).
27 Binchun, CCBJ, S. 104.
28 Zhang Deyi, HSQ, S. 447–459.
29 Liu Xihong, YZSJ, S. 62.
30 Zhang Deyi, SFJ, S. 487.
31 Zhigang, CSTXJ, S. 311.
32 Liu Xihong, S. 63.

33 Ebd., S. 61.
34 Ebd., S. 48.
35 Ebd., S. 48–49.
36 Ebd., S. 62–63.
37 Zhigang, S. 311–312.
38 Guo Songtao, LYBR, S. 696.
39 Zhang Deyi, HSQ, S. 510.
40 Shuchang, S. 313.
41 Zhang Deyi, SYL, S. 313.
42 Ebd., S. 490.
43 Zhang Deyi SFJ, S. 733–734.
44 Girard, France et Chine, Paris 1869, Bd. 2, S. 376.
45 Binchun, S. 107.
46 Ebd., S. 124.
47 M.O. Girard, France [wie Anm. 44], Bd. 1, S. 28–29.
48 Liu Xihong, S. 70.
49 Le Comte d'Hrisson, Journal d'un interprète en Chine, Paris 1886, S. 74.
50 Girard, France [wie Anm. 44], S. 32–33.
51 Ebd., S. 30.
52 Zhang Deyi, SYJ.
53 Zhang Deyi, SFJ.
54 Guo Songtao, S. 648.
55 Girard, France [wie Anm. 44], S. 24.
56 Liu Xihong, S. 77.
57 Ebd., S. 75.
58 Li Shuchang, Carnet de notes sur l'Occident, S. 29.
59 Girard, France [wie Anm. 44], S. 33.
60 Li Shuchang, S. 94.
61 Ebd., S. 317.
62 Zhang Deyi, SYJ, S. 403.
63 Le Comte d'Hrisson, Journal [wie Anm. 49], S. 74.
64 Li Shuchang, S. 93.
65 Girard, France [wie Anm. 44], S. 35.
66 Zhang Deyi, HSQ, übers. v. A. Lévy, S. 84–85.
67 Li Shuchang, S. 92.
68 Binchun, S. 107.
69 Zhigang, S. 306–307.
70 Zhang Deyi, übers. v. A. Lévy, S. 79.
71 Zhang Deyi, SYJ, S. 332.
72 Guo Songtao, S. 72.
73 Ebd., S. 197.
74 Ebd., S. 109–110.
75 J. Gernet, »Note sur la ville chinoise«, in: L'intelligence de la Chine, Paris 1994, S. 22.
76 Zhang Deyi, HSQ, übers. von A. Lévy, S. 67–68.
77 Zhigang, S. 360.
78 Zhang Deyi, S. 67.
79 Ebd., S. 71.

80 Zhang Deyi, HSQ, S. 466.
81 Zhang Deyi, OHJ, S. 761.
82 Ebd., S. 772.
83 Zhang Deyi, HSQ, S. 81.
84 Zhang Deyi, SYJ, S. 359.
85 Ebd., S. 585–585.
86 Ebd., S. 589–591.
87 J.-P. Aron, Der Club der Bäuche. Ein gastronomischer Führer durch das Paris des 19. Jahrhunderts, Stuttgart 1993.
88 Zhang Deyi, S. 586–587.
89 Zhang Deyi, SYJ, S. 625.
90 Girard, France [wie Anm. 44], Bd. 2, S. 13–14.
91 Boulger, Life [wie Anm. 3], S. 267.
92 Ebd., S. 267–268.
93 Zhang Deyi, OHJ, S. 746.
94 Li Fengbao, SDRJ, XFH, Bd. 4, 11:6.
95 Zhang Deyi SYJ, S. 452.
96 Girard, France [wie Anm. 44], Bd. 2, S. 42–43.
97 N. Elias, Über den Prozeß der Zivilisation, Bern 1969, S. 157–219.
98 Girard, France [wie Anm. 44], Bd 1, S. 60.
99 Zhang Deyi, OHJ, S. 712.
100 C. Commeaux, La vie quotidienne sous les Mandchous, Paris 1989, S. 209.
101 Zhang Deyi, SYJ, S. 452.
102 D. Roche, La culture des apparences, Paris 1989, S. 65.
103 Girard, France [wie Anm. 44], Bd. 1, S. 61.
104 Ebd., S. 63.
105 Zhang Deyi, übers. v. Lévy, S. 103.
106 Zhang Deyi, SFJ, S. 432–3.
107 Ebd., S. 527.
108 Zhang Deyi, SYJ, S. 439.
109 R. Brunaud, La vie quotidienne en France de 1870–1890, S. 76.
110 Zhang Deyi, HOJ, S. 712.
111 Liu Xihong, S. 320–2.
112 Zhang Deyi, SYJ, S. 412.
113 Girard, France [wie Anm. 44], Bd. 1, S. 60.
114 Li Shuchang, S. 19.
115 Ebd., S. 21.
116 Zhang Deyi, OHJ, S. 756–7.
117 Liu Xihong, S. 151.
118 Ebd., S. 153.
119 Guo Songtao, S. 580.
120 Ebd., S. 234.
121 Zhigang, übers. v. A. Lévy, S. 108–9.
122 Li Shuchang, S. 21.
123 B. Briais, Grande courtisane, Paris 1981, S. 44.
124 Zhang Deyi, übers. v. A. Lévy, S. 32.
125 Briais, Courtisane [wie Anm. 123], S. 47.
126 Zhang Deyi, übers. v. A. Lévy, S. 104.

127 J.-M. Guilchar, La contredanse et les renouvellements de la danse française, Paris 1969, S. 22.
128 Li Shuchang, S. 21–2.
129 Victor Tissot, La Chine, d'après les voyageurs les plus récents, Paris 1885, S. 238–9.
130 Zhang Deyi, SYJ, S. 385.
131 C. Mackerras, E. Wichmann, Chinese Theater, Hawaii 1983, S. 1.
132 Li Shuchang, S. 96.
133 Guo Songtao, S. 151.
134 Liu Xihong, S. 122; Zhang Deyi, SYJ, S. 368.
135 Li Shuchang, S. 96–7.
136 Zhang Deyi, SFJ, S. 492.
137 Liu Xihong, S. 101.
138 Zhang Deyi, SYJ, S. 492.
139 Li Shuchang, S. 96.
140 Guo Songtao, S. 320.
141 Ebd., S. 320.
142 Li Shuchang, oS. cit, S. 97–8.
143 Xue Fucheng, S. 321.
144 F. Cheng, Vide et plein, Paris 1979, S. 75.
145 Ebd., S. 88.
146 Zhu Guangqian, Shilun, S. 153.
147 Liu Xihong, S. 171.
148 Zhang Deyi, SYJ, S. 620–2.
149 Ebd., S. 399.
150 Lynn Hunt, Französische Revolution und privates Leben, in: Ariès, Philippe/Duby, Georges (Hg.), Geschichte des privaten Lebens, Bd. 4: Von der Revolution zum großen Krieg, hrsg. von Michelle Perrot, Frankfurt a. M. 1992, S. 48.
151 Zhang Deyi, S. 537.
152 Anne-Martine Fugier, Riten der Bürgerlichkeit, in: Ariès/Duby, Geschichte [wie Anm. 150], S. 214 f.
153 Zhang Deyi, S. 399–400.
154 Zhang Deyi, SFJ, übers. v. A. Lévy, S. 105.
155 Zhang Deyi, SYJ, S. 560.
156 Xue Fucheng, S. 290.
157 Binchun, S. 101.
158 Liu Xihong, S. 223–4.
159 Li Shuchang, S. 20–1.
160 Zhang Deyi, S. 419.
161 Ebd., S. 518.
162 Fugier, Riten [wie Anm. 152], S. 242 ff.
163 Liu Xihong, S. 181.
164 Zhang Deyi, HSQ, übers. v. A. Lévy, S. 99.
165 Zhang Deyi, SYJ, S. 419.
166 Xue Fucheng, S. 153–4.
167 Zhang Deyi, S. 407.
168 Ebd., S. 492.

169 M.Granet, La civilisation chinoise, Paris 1929, S. 366.
170 Ebd., S. 415.
171 Zhang Deyi, SFJ, S. 744.
172 Liu Xihong, S. 244.
173 Xue Fucheng, S. 769.
174 Liu Xihong, S. 175.
175 Montesquieu, Geist [wie Anm. 24], S. 427.
176 Ebd., S. 427.
177 Xue Fucheng, übers. v. A. Lévy, S. 194.
178 Ebd., S. 194.
179 J. Lecomte, Un jésuite à Pékin, Paris 1990, S. 220.
180 Guo Songtao, S. 236.
181 Li Shuchang, S. 45.
182 Ebd., S. 46.
183 Lecomte, Jésuite [wie Anm. 179], S. 219.
184 Binchun, S. 114.
185 Li Shuchang, S. 43.
186 Song Yuren, CFJ, XFH, Bd. 10, 11:5 b.
187 Liu Xihong, S. 102.
188 Ebd., S. 110.
189 Ebd., S. 158–9.
190 Guo Songtao, S. 102.
191 Li Shuchang, S. 43.
192 Hong Xun, WJZL, XFH, Bd. 10, 11:17 b–18 a.
193 Guo Songtao, S. 434.
194 Xue Fucheng, S. 227.
195 Song Yuren, 11:2 b.
196 Guo Songtao, S. 885–6.
197 S.M. Bouju, H. Dubois, La Troisième république (1870–1940), Paris 1975, S. 87.
198 Xue Fucheng, S. 515.
199 Li Shuchang, S. 42.
200 Granet, Civilisation [wie Anm. 169], S. 465.
201 Xue Fucheng, S. 537.
202 Ebd., S. 536.
203 Ebd., S. 515.
204 Li Shuchang, S. 166.
205 Zhang Deyi, OHJ, S. 392.
206 F. Bédarida, La société anglaise du milieu du XIXe siècle à nos jours, Paris 1990, S. 41.
207 Lecomte, Jésuite [wie Anm. 179], S. 168.
208 Voltaire, Lettres philosophiques, zit. in: Etiemble, L'Europe chinoise, Paris 1988, II, S. 216.
209 Ebd., S. 275.
210 Zhang Deyi, übers. v. A. Lévy, S. 112.
211 Ebd., S. 111.
212 Ebd., S. 57.
213 Liu Xihong, S. 190.

214 M. Charlot, R. Marx, La société victorienne, Paris 1978, S. 204.
215 J. Chastenet, Victoria und ihr Zeitalter, Wien 1959, S.19.
216 Xue Fucheng xunji, S. 555.
217 Xue Fucheng, S. 231.
218 Li Shuchang, S. 46.
219 Guo Songtao, S. 576.
220 Zhang Deyi, SFJ, S. 382.
221 Zhang Deyi, SFJ, übers. v. A. Lévy, S. 107.
222 Ebd., S. 107.
223 Liu Xihong, S. 205.
224 Zeng Jize, S. cit., S. 178.
225 C. Lévi-Strauss, Race et histoire, Paris 1978, S. 38–39.
226 Xue Fucheng, übers. v. A. Lévy, S. 203.
227 Xue Fucheng, S. 325.
228 Ebd., S. 318.
229 Lévi-Strauss, Race [wie Anm. 225], S. 50.
230 Xue Fucheng, S. 326.
231 Ebd., S. 318.
232 Ebd., S. 318.
233 Xue Fucheng, übers. v. A. Lévy, S. 209–210.
234 S. A. Cohen, Discovering History of China, New York 1984, S. 49.
235 Xue Fucheng, S. 147.
236 Ebd., S. 132.
237 Ebd., S. 133.
238 Cohen, Discovering [wie Anm. 234], S. 29.
239 Guo Songtao, S. 70.
240 Ebd., S. 629–630.
241 Ebd., S. 733.
242 Ebd., S. 961.
243 Ebd., S. 491.
244 J. Gernet, Le monde chinois, Paris 1972, S. 505.
245 Vgl. N. Luhmann, Die Gesellschaft der Gesellschaft, Frankfurt/M. 1997, S. 806, 881, 965. – Folgender Text: F. E. Schrader.
246 F. Chen, F.E. Schrader (Hg.), Westliche Spezialisten in Südostasien, 1850–1950, Leipzig 1999.

Auswahlbibliographie

Eine ausführliche Bibliographie chinesischer und westlicher Publikationen zum Thema findet sich in: Feng Chen, La découverte de l'Occident. Regard anthropologique des premiers diplomates chinois sur l'Europe occidentale (1866–1894), EHESS, Paris 1993, S. 342–374.

A. Chinesische Quellen

In: Zouxiang shijie congshu (Von Osten nach Westen), hg. von Zhong Shehe, Hunan, 1985:

Binchun
Chengcha biji (CCBJ) (Reiseaufzeichnungen).
Haiguo shengyou cao (Reise in die Seeländer).
Tianwai guifan cao (Zurück von der anderen Seite des Himmels).

Guo Songtao, Lundun yu bali riji (LYBR) (Tagebuch in London und Paris).

Li Shuchang, Xiyang zazhi,(XYZZ) (Aufzeichnungen über den Westen; Carnet de notes sur l'Occident, Paris 1989).

Liu Xihong, Yingzhao siji (YZSJ) (Private Aufzeichnungen über England).

Xue Fuchang, Chushi yingfayibi siguo riji (YFYB) (Tagebuch einer Botschaft in England, Frankreich, Italien und Belgien)

Zeng Jize, Chushi yingfaeguo riji (YFE) (Tagebuch einer Botschaft in England, Frankreich und Rußland).

Zhang Deyi
Hanghai shuqi (HJQ) (Merkwürdiger Bericht einer Seereise).
Oumei huanyou ji (OHJ) (Tagebuch einer Reise nach Europa und Amerika).
Suishi faguo ji (SFJ) (Tagebuch eines Diplomaten in Frankreich).
Suishi yinge ji (SYJ) (Tagebuch eines Diplomaten in England und Rußland).

Zhigang, Chushi taixiji (TXJ) (Tagebuch der ersten Mission in den Westen).

In der Kollektion Xiaofanghuchai yudi congchao (Kollektion der geographischen Werke des Kabinetts der kleinen Teekanne), Taibei, (1880–1891), Ergänzungsbände (Serie 11):

Hong Xun
Bd. 9: Youli yitali wenjian lu (WJL) (Bericht aus Italien).
Bd. 10: Youli wenjian zonglue (WJZL) (Zusammenfassung der Berichte)

Li Fengbao, Bd. 4: Shide riji (SDRJ) (Tagebuch einer Botschaft in Deutschland)
Qian Peide, Bd. 4: Ouyou suibi (OYSB)(Aufzeichnungen einer Reise nach Europa).
Song Yuren, Bd. 10: Taixi geguo caifeng ji (CFJ) (Sammlung von Aufzeichnungen über die Gebräuche in den westlichen Ländern).

B. Westliche Publikationen

1. Der chinesische Kontext

Bauer, Wolfgang, Das Antlitz Chinas: Die autobiographische Selbstdarstellung in der chinesischen Literatur von ihren Anfängen bis heute, München 1990.
Biggerstaff, Knight, Some Early Steps towards Modernization, San Francisco 1975.
Ders., »The Establishment of Permanent Chinese Diplomatic Mission Abroad«, in: Chinese Social Political Science Review; XX/1 (April 1936), S. 1–41.
Boulger, Demetric C., The Life of Sir Halliday Macartney, London 1908.
Bourne, F. S. A., »Diary of Liu ta-jen's Mission to England«, in: Nineteenth Century VIII (1880), S. 612–621.
Bredon, Juliet, Sir Robert Hart, London 1909.
Campbell, Robert R., Jamer Duncan Campbell: A Memoir by His Son, Cambridge/Mass. 1970.
Chen, F./Schrader, F. E. (Hg.), Westliche Spezialisten in Südostasien, 1850–1950, Leipzig 1999.
Chih, André, L'Occident »chrétien« vu par les Chinois vers la fin du XIXe siècle (1870–1900), Paris 1962.
Corcoran, Eugene J., »Hsüeh Fu-ch'eng and China's Self-Strengthening Movement, 1856–1894«, Kansas (PhD. in History, Univ. of Arkansas) 1979.
Cordier, Henri, Histoire des relations de la Chine avec les puissances occidentales, 2 Bde., Paris 1902.
Ders., Histoire générale de la Chine, 4 Bde., Paris 1921.
Ders., »Le journal d'un diplomate chinois en Europe«, in: Journal débats, mardi 22 mai 1883.
Covling, Samuel/Edin, M. A., The Encyclopedia Sinica, Shanghai 1917.
Frodsham (J. D. Camp.) The First Chinese Embassy to The West: The journals of Kuo Sung-t'ao, Liu Hsi-hung and Chang Te-yi, London 1974.
Ders., »The Record of An Envoy's Voyage to the West«, in: Asian Studies 3, (Dezember 1967), S. 409–436.
Gernet, Jacques, Chine et Christianisme, Paris 1982.
Ders., La vie quotidienne en Chine à la veille l'invasion mongole 1250–1276, Paris 1978.
Ders., Le monde chinois, Paris 1972.
Girard, M. O., France et Chine: Vie publique et privée des Chinois anciens et modernes; Passé et avenir de la France dans l'Extrême-Orient, 2 Bde. Paris 1869.
Hamilton, David, »Kuo Sung-t'ao: A Maverick Confucian«, Paper on China (East Asian Research Centre of Harvard Univ.), 15. Dez. 1961, S. 1–29.

Hsü, Immanuel C. Y., China's Entrance into the Family of Nations: The Diplomatic Phase, 1858–1880, Cambridge/Mass. 1960.
Hummel, Arthur William (Hg.), Eminent Chinese of the Ch'ing Period (1644–1912), Washington 1943, 2 Bde.
Lecomte, Louis, Un jésuite à Pékin: Nouveaux mémoires sur l'état présent de la Chine 1687–1692 (Textes établis, annotés et présentés par Frédérique Touboul-Bouyeure), Paris 1990.
Lévy, André, Nouvelles lettres édifiantes et curieuses d'Extrême-Occident par des voyageurs lettrés chinois à la Belle-Epoque, Paris 1986.
Liang Ch'i-chao, Intellectual trends in the Ch'ing Period (1644–1912), Cambridge/Mass. 1959.
Mackerras, Colin (Hg.), Chinese Theater: From Its Origins to the Present Day, Univ. of Hawaii Press 1983.
Ders., Western Image of China, Hongkong 1989.
Morse, Hosea Ballou, The International Relations of the Chinese Empire, Bd. 2: The period of Submission 1861–1893, Taibei 1963 (1910).
Mury, Francis, »Une mission chinoise en Europe«, in: Bull. com. Asie française, Bd. 1 (September 1906), S. 21–30.
Parker, A. P., »The Diary of Marquis Tseng«, in: The Chinese Recorder and Missionary Journal XXII/7 (Juli 1891), S. 297–304; XXII/8 (Aug. 1891), S. 345–353.
Pauthier, »La Chine en 1868. Son ambassade envoyée aux Etats-Unis et près des puissances européennes pour réviser les traités de 1858«, extrait de l'Annuaire encyclopédique, Bd. VIII, Paris 1868.
Peyrefitte, Alain, L'empire immobile ou le choc des mondes, Paris 1989.
Ders., Un choc de cultures. La vision des Chinois, Paris 1991.
»Pin's Travels from China to Europe in 1866«, in: Shanghai Evening Courier 7 (24. Oktober 1870).
Tissot, Victor, La Chine, d'après les voyageurs les plus récents, Paris 1885.
Tsui Man-shing, An Advocate of Conciliation: Kuo Sung T'ao's Attitude Towards Sino-Western Relations, Toronto (PhD. in History) 1973.
Wang, Yeh-chien, Chinese Intellectuals and The West, 1872–1949, Chapel Hill 1966.
Williams, Frederick W., Anson Burlingame and The First Mission to Foreign Power, New York 1912.
Wu, Pei-Yi, The confucian's progress: Autobiographical Writings in Traditional China, New Jersey 1990.
Zeng, Jize, »China, The Sleep and The Awakening«, in: The Asiatic Quarterly, 1886.

2. *Der europäische Kontext*

Allen, Maurice, La vie quotidienne sous le Second Empire, Paris 1984.
Ariès, Philippe/Duby, Georges (Hg.), Geschichte des privaten Lebens, Bd. 4: Von der Revolution zum großen Krieg, hrsg. von Michelle Perrot, Frankfurt a. M. 1994[3].
Aron, Jean-Paul, Der Club der Bäuche. Ein gastronomischer Führer durch das Paris des 19. Jahrhunderts, Stuttgart 1993.

Bédarida, François, La société anglaise du milieu du XIXe siècle à nos jours, Paris 1990.
Bentley, Nicolas, The Victorian Scene: 1837–1901, London 1968.
Borella, François, Les partis politiques en Europe, Paris 1984.
Brunaud, Robert, La vie quotidienne en France de 1870–1890, Paris 1947.
Charlot, Monica/Marx, Roland, La société victorienne, Paris 1978.
Duby, Georges, Histoire de la France urbaine, Paris 1983, Bd. 4: La ville de l'âge industrielle.
Favier, Jean, L'histoire quotidienne des Français des origines à nos jours, Paris 1989.
Feuchtwanger, E. J., Democracy and British Empire: 1865–1914, London 1985.
Goffman, E., Wir alle spielen Theater. Die Selbstdarstellung im Alltag, München 1991[7].
Goulemot, Jean/Oster, Daniel, La vie parisienne, Paris 1989.
Grimal, Pierre, Histoire mondiale de la femme, Paris 1974.
Guiral, Pierre, La vie quotidienne en France à l'âge d'or du capitalisme 1852–1879, Paris 1976.
Pinol, Jean-Louis, Le monde des villes au XIXe siècle, Paris 1991.
Quermonne, Jean-Louis, Les régimes politiques occidentaux, Paris 1986.
Rearick, Charles, Pleasures of the Belle Epoque: Entertainment and Festivity in Turn of the Century France, Yale Univ. Press 1985.
Saint-Germain, Jacques, La vie quotidienne en France à la fin du grand siècle, Paris 1948.
Toussaint-Samat, Maguelonne, Histoire naturelle et morale de la nourriture, Paris 1987.
Vincenot, Henri, La vie quotidienne dans les chemins de fer au XIXe siècle, Paris 1975.

Zeittafel

Dynastien

21.–18. Jh. v. u. Z.	Xia
18.–11. Jh. v. u. Z.	Shang
11. Jh.–771 v. u. Z.	Xizhou
770–476 v. u. Z.	Chunqiu
475–221 v. u. Z.	Zhanguo
221–206 v. u. Z.	Qin
206 v. u. Z.–220	Han
220–280	Sanguo (Drei Reiche)
265–317	Xijin
317–420	Dongjin
420–581	Nanbeichao (Dynastien des Nordens und des Südens)
581–618	Sui
618–907	Tang
907–960	Wudai (Fünf Dynastien)
907–1125	Liao
960–1279	Song
1115–1234	Jin
1271–1368	Yuan
1368–1644	Ming
1644–1911	Qing
1912–1949	Republik China
1949–	Volksrepublik China

1567	Macao an der Südküste Chinas wird portugiesische Kolonie und spielt zukünftig eine wichtige Rolle für den Handel mit China und Japan
1581	Beginn der Jesuitenmission in China
1622	Niederländer auf Formosa, dem heutigen Taiwan
1793	Erste diplomatische Mission Englands nach China
1724	Verbot der christlichen Mission
1840–1842	Erster Opiumkrieg Englands gegen China Mit dem Opiumkrieg beginnt die Periode der Unterwerfung Chinas unter die wirtschaftlichen Ansprüche westlicher Mächte. 1839 versuchte die chinesische Regierung, die Einfuhr von Opium durch die Briten zu unterbinden, worauf die britische Flotte China angriff. Die Folge war der Vertrag von Nanjing, durch den China Hongkong an England abtrat, mehrere Häfen öffnete und einem Handelsdiktat unterworfen wurde.
1857–1860	Lorcha-Krieg Frankreichs und Englands gegen China, Einnahme von Beijing, Zerstörung des Sommerpalastes
1858	Vertrag von Tianjin; westliche Gesandtschaften in Beijing, weitere Handelsdiktate
1861	Einrichtung des Büros für Auswärtiges (Zongli Yamen)
1862	Gründung der ersten Schule für westliche Sprachen
1866	Inoffizielle chinesische Delegation in Europa, mit Robert Hart, Binchun, Zhang Deyi und Fengyi
1868–1870	Erste diplomatische chinesische Delegation mit Anson Burlingame, Zhigan, Zhang Deyi
1870–1871	Chinesische Mission nach Frankreich mit Chonghou und Zhang Deyi
1876	Erste chinesische Botschaft in Europa (London,

	Paris) mit Guo Songtao als Botschafter, Liu Xihong als Vizebotschafter, Zhang Deyi als Übersetzer
1877	Veröffentlichung und anschließende Vernichtung des Tagebuchs von Guo Songtao in China; Liu Xihong Botschafter in Deutschland
1878	Guo Songtao und Liu Xihong nach China zurückgerufen
1878–1886	Zeng Jize Botschafter in England
1878–1884	Li Fengbao Botschafter in Deutschland
1878	Li Shuchang als kultureller Botschaftsrat in Frankreich
1880	Zeng Jize mit Rußland beauftragt; Li Shuchang in Mission nach Spanien
1881	Li Fengbao mit Italien, Österreich und den Niederlanden beauftragt; Li Shuchang als Botschafter nach Japan
1884	Krieg Frankreichs gegen China
1892–1894	Xue Fucheng Botschafter für England, Frankreich, Belgien und Italien
1893	Deutschland besetzt Qingdao
1894	Krieg Japans gegen China
1894–1896	Song Yuren Berater im Botschaftsrang für England, Frankreich, Italien, Belgien
1898	Scheitern der »Reform der Hundert Tage«
1900	Boxerkrieg. Die »Boxer« waren ein religiöser Geheimbund, der gegen das Christentum und die Industrialisierung Chinas durch Ausländer kämpfte. In den 1890er Jahren verübten sie Überfälle auf Einrichtungen der »Fremden«, schließlich lösten die Ermordung eines deutschen Gesandten und die Belagerung des Gesandtschaftsviertels in Peking 1900 den Boxer-Aufstand aus, der durch das militärische Eingreifen westlicher Mächte niedergeschlagen wurde. Am 14. August 1900 besetzten die europäischen Militärverbände Peking.

	Von September 1900 bis Mai 1901 ließen sie zahlreiche Strafexpeditionen gegen die Aufständischen durchführen. Am 7. September 1901 wurde China durch ein Friedensprotokoll zu hohen Reparationen und anderen »Sühnemaßnahmen« verpflichtet.
1901–1905	Zhang Deyi zum Botschafter in England ernannt
1911	Ende der Qing-Dynastie, China wird Republik
1880–1891	Erste Publikationsserie der Gesandtenberichte in China
1979–1985	Neuedition der Berichte in Hunan

Die Verfasser der Berichte und Tagebücher

BINCHUN (1802–?) ist zunächst Richter im Distrikt Xiangling der Provinz Shangxi und arbeitet dann zwei Jahre lang unter der Leitung von Robert Hart im chinesischen Zolldienst, bevor er zum Leiter der ersten chinesischen Europadelegation ernannt wird.

GUO SONGTAO (1818–1891), auch unter dem Namen seines Kabinetts Yangzhi bekannt, ist in Hunan geboren, mit 19 Jahren diplomiert, scheitert fünf Mal im kaiserlichen Endexamen, das er schließlich mit 29 Jahren besteht. Er beginnt 1858 seine Beamtenkarriere mit dem Eintritt in die kaiserliche Akademie. 1859 wird er nach Tianjin entsandt, um Zengelinquin bei der Leitung der Marineverteidigung gegen die französisch-britische Allianz zu helfen. Er wurde nacheinander zum Finanzintendanten der Provinzen Suzhou und Songjiang, zum Salzkontrolleur der Region des Huai-Flusses, zum Gouverneur von Guangdong und zum Justizkommissar der Provinz in Fujian ernannt. 1876 wird er der erste chinesische Botschafter in London. Bei seinem Tod hinterläßt er umfangreiche Werke über Politik, Wirtschaft, Sitten, Literatur, Diplomatie, seine Autobiographie sowie sein Tagebuch »Vollständige Werke des Kabinetts Yangzhi«.

LI FENGBAO (1834–1887), geboren in Jiangsu, wird dort Direktor des Arsenals, kommt auf Empfehlung von Li Hongzhang als einer der Leiter der ersten Mission des Arsenals von Wusong nach Europa. 1878 wird er zum Botschafter in Deutschland ernannt und dort insbesondere mit Rüstungskäufen beauftragt. Er folgt Liu Xihong in dessen Amt nach und ist zugleich für die Beziehungen mit Österreich, Italien und den Niederlanden verantwortlich. 1884 wird er zum Botschafter in Frankreich ernannt, bei Ausbruch des Kriegs Frankreichs gegen China aber im selben Jahr zurückgerufen. Gegen ihn wird Anklage wegen Korruption beim Kauf von Panzerungen in Deutschland erhoben, und er verliert alle Titel und Ämter. Nach Henri Cordier handelt es sich um ein Unrecht.

LI SHUCHANG (1837–1897), geboren in Zunyi (Guizhou) absolviert das kaiserliche Examen und wird 1862 zum Richter des Distrikts Jiangsu ernannt. 1876 entsendet man ihn als dritten Berater der chinesischen Botschaft nach Europa, wo er vier Jahre zwischen England, Frankreich, Deutschland und Spanien verbringt. Im Oktober 1881 wird er als Botschafter nach Japan geschickt. Er verläßt Tokyo 1891 und wird Intendant von Sichuan, wo er sich um die Zollbehörde von Chongqing kümmert, einem für Ausländer neu geöffneten Hafen. Nach seiner Pensionierung wird er eine der führenden Personen der literarischen Schule Xiangxiang, die das Feld der klassischen chinesischen Literatur erweitern will. Er begründet eine Kollektion von Arbeiten des 17. Jahrhunderts, »Sammlung verstreuter alter Bücher«.

LIU XIHONG, geboren im Guangdong, Doktor, ist Beamter am Gericht vom Guangdong. Er nimmt am Opiumkrieg gegen die Engländer teil und interessiert sich für Außenpolitik. Er ist Mitarbeiter von Guo Songtao, bleibt aber nur neun Monate in England, bis er zum ersten chinesischen Botschafter in Deutschland ernannt wird. Nach neun Monaten wird er abgesetzt, weil er es wagte, Vizekönig (Premierminister) Li Honzhang zu beschuldigen, Kaiser sein zu wollen.

SONG YUREN (1857–1931) ist in Sichuan geboren und wird Doktor der kaiserlichen Akademie. Er ist 1894 Kulturberater in England, Frankreich, Italien und Belgien. 1895 organisiert er ein Seminar über die Idee der konstitutionellen Monarchie. Er wird 1896 in seine Heimatprovinz entsandt, um dort die Ausbeutung der Minen und den Handel zu beaufsichtigen. Er leitet daneben Zeitungen und eine Buchreihe, deren Ziel es ist, die englische Verfassung, das europäische Erziehungswesen und das westliche Industrie- und Handelsrecht darzustellen. Er nimmt an der Reform von 1898 teil und wird nach deren Scheitern entlassen. Er ist zwar Monarchist, engagiert sich aber als Vertreter des Fortschritts trotzdem an der Revolution von 1911. In der Republik wird er 1916 zum Direktor des Kollegs für chinesische Studien von Chengdu ernannt. Weiterhin leitet er die Redaktion der »Zeitung von Sichuan«.

XUE FUCHENG (1838–1894) wird in Wuxi (Zhejiang) in einer Gelehrtenfamilie geboren. 1857 diplomiert, wird er 1875 eine wichtige Figur in der Bewegung für auswärtige Angelegenheiten und dient unter der Leitung von Li Hongzhang mehr als zehn Jahre in der Nordmeerflotte. 1890 wird er zum Botschafter für England, Frankreich, Italien und Belgien ernannt. Eines Gesundheitproblems wegen tritt er seinen Dienst erst 1891 an. Am 26. Mai 1894 verläßt er Europa, kommt am 1. Juli in Shanghai an und stirbt vier Tage später. Seine Publikationen »Vollständige Werke des Kabinetts Yongan« und »Aufzeichnungen des Kabinetts Yongan« enthalten historische Aufsätze, offizielle Berichte, aber auch Reformvorschläge.

ZENG JIZE (1835–1890) trägt den Grafentitel. Er ist in Hunan als ältester Sohn von Zen Guofan geboren. 1878 wird er zum Nachfolger von Guo Songtao in England bestimmt, dann zum Botschafter in Rußland. In der Annam-Krise stimmt er nicht mit Li Hongzhang überein. Die Qing-Regierung ruft Zeng zurück und unterstützt Li's Friedenspolitik bedingungslos. Annam (Kernland von Vietnam) fällt an Frankreich. In Beijing dient Zeng nacheinander im Außen-, Kriegs-, Finanz- und Marineministerium. Ab 1899 leitet er die Fremdsprachenschule. Vier Jahre nach seinem Tod werden seine Berichte, Aufsätze und Gedichte unter dem Titel »Posthume Sammlung von Zeng Jize« herausgebracht.

ZHANG DEYI (Deming, 1847–1918) stammt aus Fujian und ist in Beijing in einer verarmten Han-Bannerfamilie geboren. Seine erste Ausbildung erhält er in einer Privatschule. Zhang erlebt die Anfangsphasen der chinesischen Diplomatie mit und wird der erste chinesische Karrierediplomat. Er ist an der Fremdsprachenschule einer der ersten zehn besten Studenten aus Bannerfamilien. Mit zwei anderen Absolventen wird er als Übersetzer für die erste Delegation von 1866 nach Europa gesandt und nimmt auch an der Burlingame-Delegation von 1868 nach Europa und nach Amerika teil, ebenso an der ersten Mission nach Frankreich 1871, wo China sich entschuldigen muß. Nach seiner Übersetzertätigkeit wird er Attaché der ersten Londoner Botschaft, deren Chef er 1901–1906 bleibt. 1890 erhält er den Auftrag, dem Kaiser Guangxu englische Lektüre beizubringen. Er wird von der Pflicht befreit, sich vor dem Kaiser niederzuwerfen. Zhang hinterläßt nicht weniger als acht Bände Reiseberichte.

Über ZHIGANG, Minister und Delegationsleiter von 1868, sowie HONG XUN und QIAN PEIDE, Diplomaten der 1880er Jahre, sind zu wenig Daten überliefert, um Lebensläufe und Karrieren zu rekonstruieren.

Register